广东
学分银行的
制度建设
和创新实践

李雪婵 著

广东高等教育出版社
Guangdong Higher Education Press
·广州·

图书在版编目（CIP）数据

广东学分银行的制度建设和创新实践/李雪婵著．
广州：广东高等教育出版社，2025.7. ——ISBN 978 - 7 -
5361 - 7816 - 8

Ⅰ. G729.2

中国国家版本馆 CIP 数据核字第 20246L2R60 号

广东学分银行的制度建设和创新实践
GUANGDONG XUEFEN YINHANG DE ZHIDU JIANSHE
HE CHUANGXIN SHIJIAN

出版发行	广东高等教育出版社
	地址：广州市天河区林和西横路
	邮政编码：510500　电话：(020) 87551597　87551163
	http://www.gdgjs.com.cn
印　　刷	广州小明数码印刷有限公司
开　　本	787 毫米×1 092 毫米　1/16
印　　张	11.5
字　　数	207 千
版　　次	2025 年 7 月第 1 版
印　　次	2025 年 7 月第 1 次印刷
定　　价	35.00 元

加快建设终身学习的学习型社会，实现各级各类教育之间衔接和沟通的终身学习"立交桥"，是满足数字时代全民学习的迫切需求，也是实现教育高质量发展和教育现代化的重要标志。

长期以来，由于缺乏衔接各级各类教育互融互通的标准和要求，缺乏学习成果认证体系，学习型社会建设面临诸多难题，各类教育条块分割，学历教育与非学历教育之间难以沟通，教育培训机构的人才培养与行业企业岗位的人才需求脱节，人才评价"唯学历"导向严重，终身学习通道不畅，人才成长"立交桥"缺失。建设以终身教育资历框架为标准、学习成果认证为保障的学分银行正是解决上述问题的重要举措和着力点，是世界各国建设畅通人才成长通道的共同选择，也是我国学习型社会建设需要解决的关键问题。

为此，党和国家高度重视终身教育学分银行制度建设，2010年至今，国家层面发布与学分银行相关的政策法规文本36项，其中法规1项、国家文件23项、教育部文件12项。例如，2019年《中国教育现代化2035》提出"构建服务全民的终身学习体系""建立国家资历框架""建立健全国家学分银行制度和学习成果认证制度"。2022年党的二十大报告提出"统筹职业教育、高等教育、继续教育协同创新，推进职普融通、产教融合、科教融汇""推进教育数字化，建设全民终身学习的学习型社会、学习型大国"，赋予了学分银行建设新内涵和新任务，为各地学分银行建设提供了纲领性文件。

为了贯彻落实各级各类教育和培训纵向衔接和横向沟通的终身学习"立交桥"的国家教育发展战略，各地教育部门纷纷建立学分银行作为管理和实施机构。至今我国学分银行的数量近 40 家，其中由开放大学管理的学分银行达 30 多家。由此可见，开放大学是我国学分银行建设的核心管理和实施机构。各地学分银行积极开展应用研究和探索本土创新实践，取得了显著的成效，大数据、人工智能、区块链等技术的运用进一步丰富了学分银行的应用场景，全民终身学习、学习型社会建设这一宏大事业正在从美好愿景变为现实。

《广东学分银行的制度建设和创新实践》一书，首次以终身教育资历框架为内部逻辑，以学习成果认证为保障，以互联网技术应用为支撑，对学分银行在构建服务全民终身学习的学习型社会、学习型大国中所开展的制度建设和创新实践进行全面、系统、详尽的分析和思考。广东学分银行制度为各级各类学习成果之间的沟通衔接提供了统一参照，推动人才评价从单一知识向知识、技能、能力综合评价转变，打破了唯学历论，为建立科学合理的教育评价生态提供导向和抓手，为职业教育、高等教育、继续教育之间纵向衔接和横向沟通奠定了基础，为粤港澳规则衔接、机制对接提供了新路径，对推动教育治理体系现代化、推动人才评价改革、推进大湾区教育合作、农民学分银行和老年学分银行等建设，具有重要的理论意义和实践价值。

《广东学分银行的制度建设和创新实践》一书，为数字时代我国建立国际对接和中国创新的终身教育制度体系，为我国学习型社会和学习型大国建设，提供了丰富的先行先试的广东模式、广东智慧和广东经验，对我国教育政策制定者、终身教育和学习型社会建设的专家学者、学分银行的管理者和实践者，无疑是一本富有理论和实用价值的优秀著作。

谨此，我热忱向大家推荐。

张伟远　教授

北京师范大学 首都学习型社会研究院

2024 年 6 月 29 日

建设资历框架和学分银行，构建全民终身学习制度环境，促进全民学习、终身学习，是贯彻落实党中央、国务院关于终身教育和学习型社会建设决策部署的重要举措。广东终身教育学分银行（以下简称"广东学分银行"）先行先试，构建了以服务全民终身学习为目标、以资历框架为标准、以学习成果认证为保障、以学分银行为运作系统的终身教育和学习型社会制度体系，广东学分银行是各级各类教育、国家职业资格证书、技能等级证书和培训证书等学习成果的认证、积累和转换的运行和管理机构。

经过十多年的探索和实践，广东学分银行初步形成多元主体协同治理的模式，资历框架等级标准研制走在前列、服务能力日趋完善、创新实践成效显著、湾区教育合作日益深化。本书旨在通过对广东学分银行的制度建设与创新实践进行总结、分析与思考，为粤港澳大湾区建设、职业教育改革、老年教育创新发展、乡村人才振兴等提供先行先试经验，并为数字时代我国学习型社会建设和国际终身教育发展提供广东方案、广东经验。

本书共六章。

第一章是广东学分银行的发展历程。本章介绍了学分银行的概念和意义，并对学分银行的发展历程进行了分析与回顾。广东学分银行 2012 年开始建设；2014 年开始顶层设计，建设体制机制，统筹规划，先易后难，分步实施取得了一定成效；2016 年始逐步成型；2017 年以地方标准形式发布广东终身教育资历框架，并初步构建了多方参与的建设模式、权威公正的法定地位、等值互认的制度基础、成效为本的标准体系和虚实结合的数字运作系统。

第二章是广东学分银行的制度建设。本章介绍了广东学分银行的制度建设内容，包括《广东省职业教育条例》《广东终身教育资历框架等级标准》《推进粤港澳大湾区高等教育合作发展规划》等省部级文件，还包括高等教育学分认定和转换制度（省政府公报）、质量保障制度（规范性文件）和校级学分认定和转换制度等，为学分银行建设提供了制度保障和发展方向。本章还介绍了广东学分银行多元主体合作共治、相互影响、相互赋能的治理模式和治理生态圈。

第三章是广东学分银行的资历框架。本章介绍了广东资历框架的发展概况、研制过程、创新发展和实践。广东终身教育资历框架以地方标准形式发布，它具有国际上通行的资格框架功能，是学习型社会建设的基础性制度，是学分银行的上位标准，它包括资历类型、资历等级和等级标准。广东学分银行坚持以人民为中心的发展思想，面向人人，在运行机制、建设路径、资历级别和等级标准、质量保障及评审机制、一体化运作系统、行业能力标准、岗位资历认可机制以及学分认定、积累和转换等方面取得了成效，在支撑学习型社会建设以及服务全民终身学习、粤港澳大湾区建设、人才评价改革、产教融合等方面得到了发展。本章还对粤港资历框架进行了比较研究，为粤港资历框架对接奠定基础。

第四章是广东学分银行的行业能力标准。本章描述了行业能力标准的作用、概念和广东行业能力标准的建设模式。行业能力标准反映了行业核心职能范畴核心岗位所需要的核心能力，是从业人员有效履行不同工作职能所需的知识、技能和能力，用于判断在行业发展进程中完成主要任务所需的能力要求及成效标准。广东行业能力标准建设基于广东终身教育资历框架和研制模型，聚焦反映行业需要的核心能力，遵循标准化的技术路线，政校行企等利益相关方合作共建，最后以团体标准形式发布。本章还根据行业能力标准的建设模式，以物流业（冷链）能力标准为例，对行业能力标准的建设与应用进行了深入详尽的描述，体现了行业能力标准开发的共性和特色，为开发行业能力标准提供操作层面上的更具体的指引。

第五章是广东数字学分银行的运作系统。数字学分银行的运作系统是学分银行制度、资历框架、学习成果认证制度理论内涵与核心价值的技术化和数字化表现形式，由终身学习电子档案、资历名册、信息管理平台、实体中心等组成。终身学习电子档案是指运用数字化技术手段记录社会成员在正规教育、非正规教育和非正式教育中的学习成果，是学习者升学、求职等关键人生节点不可替代的工具和凭证。资历名册是指将资历框架下普通教育、职业教育、培训及业绩等资历按照同一个质量要求进行整理与分类而形成的多元化资历。基于终身学习电子档案、资历名册的数据，信息管理平台和实体中心以虚实结合的形式建成了实体和虚拟学分银行，为学习者、教育培训机构、政府部门、行业企业提供资历画像、职业规划、人才推荐等个性化、智能化、精准化的体验式、情境式、沉浸式的一体化服务。

第六章是广东学分银行的未来发展。本章描述了广东学分银行的未来发展方向，未来广东学分银行将继续坚持以人民为中心的发展思想，构建服务湾区终身学习、助力教育强国建设和中国式现代化的区域学分银行。包括：粤港资历框架对接，人才有序流动；学历教育、非学历教育、非正式学习的学习成果皆可得到认证、积累和转换，职业教育、普通教育、继续教育协同创新；建立基于资历的多元化人才评价和聘用机制，支持技能人才凭资历提升待遇，支持学术人才和技能人才职业发展贯通；高度关注老年人、新型职业农民等的现实诉求，建立特殊群体的关爱机制。

扫描书末二维码可获取两部分内容，一是《广东终身教育资历框架等级标准》，包括范围、规范性引用文件、术语和定义、资历框架划分和资历框架等级标准、参考文献等。二是物流业（冷链）能力单元明细表，包括十大职能范畴下 38 个职能的 253 个单元的明细表。

本书的部分内容是根据著者在《中国职业技术教育》《职教论坛》《高等继续教育学报》《继续教育研究》《广东开放大学学报》《福建开放大学学报》等期刊上发表的文章修改而成，在此，对这些期刊表示感谢。同时，对个别文章的合作者赵斯羽、关燕桃、贺宪春、何丽萍等表示感谢。本书得以付梓，衷心感谢张伟远教授，他对书稿提出了宝贵意见，并为本书致序；另外对刘文清研究员的指导，杨礼芳教授、蒋高老师的支持，广东高等教育出版社编辑提供的宝贵建议，在此一并致谢。由于水平有限、时间有限，书中难免存在不足，恳请专家、读者批评指正。

李雪婵

2024 年 6 月 30 日

第一章
广东学分银行的发展历程

※ 第一节　学分银行的概念和意义

学分银行是对个人各级各类学习成果以学分为计量单位进行认证、积累和转换的管理制度。它模拟银行"存储—提取—转换"的概念，为每个人开设学分银行账户，建立学习档案，存储学习成果，个人经过学习成果认证后的资历和学分，通过学分银行制度可申请互认和转换。

学分银行对建立服务全民终身学习的学习型社会、学习型大国具有重要作用。第一，学分银行为各级各类学习成果之间的沟通衔接提供了统一参照。基于学分银行统一的等级和通用标准，学习者通过正规教育、非正规教育、非正式学习获得的各类学习成果可以进行认证、积累和转换，提高人才成长效率，降低人才培养的成本，增加终身学习的吸引力，从而构建更加开放畅通的人才成长通道，打造面向人人、惠及人人、适合人人的终身教育体系。第二，学分银行是深化新时代人才评价改革的重要抓手。学分银行制度按照统一的质量标准对各级各类资历进行管理和融通，为不同禀赋和需要的学习者提供了多次选择、多样化成才的机会，去除了唯分数、唯升学、唯文凭、唯论文、唯帽子（以下简称"五唯"）的顽瘴痼疾，推动了人才评价从单一知识向知识、技能、能力综合评价转变，为建立破"五唯"的多元化人才评价机制奠定基础，让各类人才价值得到充分尊重和公平体现。第三，学分银行是推动教育高质量发展的重要路径。高质量发展是我国当前发展阶段的主旋律，高质量的教育也是当前国际可持续发展目标的关键词。资历框架是一套统一的质量标准，一是打破了国民教育体系内部以及国民教育与继续教育间的壁垒，实现了职业教育、普通教育、继续教育的互融互通和学分互认，减少了重复学习，提高了学习效率；二是搭建了教育与人才市场沟通的桥梁，从而全面提升人才自主培养质量。第四，学分银行契合数字时代培育和发展新质生产力的要求。新质生产力是现代化教育强国建设的重大理论创新，人才是发展新质生产力的重要支撑。学分银行创新了教育治理手段，契合数字时代培育和发展新质生产力的要求，对提升人才培养的质量和效能、打通束缚新质生产力的堵点卡点、构建人才自主培养体系、深化拔尖创新人才培养的改革具有重要意义。第五，学分银行有利于国际人才的互通互认。国际人才的互联互通是构建人类命运共同体的基础条件之一，建立国际互认的学分银行是实现国际人才有序流动的关键。

⚙ 第二节　广东学分银行的缘起

学分银行的理念源于 19 世纪 80 年代的美国社区学院；20 世纪 90 年代初欧洲学分转换与累积系统（ECTS）诞生并使学分在欧盟 31 个国家（或地区）之间进行转移而受到了世界的广泛关注；1994 年在罗马举行的首届世界终身学习会议使终身教育理念在全世界范围得到更广泛的传播；1995 年加拿大、澳大利亚、韩国等国家纷纷开始建立学分银行制度。[①]

我国"学分银行"概念于 2005 年 2 月在《教育部关于加快发展中等职业教育的意见》中提出后[②]，自 2010 年到 2022 年，国家层面发布终身学习制度体系的政策法规文本 36 项，其中法规 1 项、国家文件 23 项、教育部文件 12 项。2019 年中共中央、国务院印发的《中国教育现代化 2035》强调：

① 杨晨，顾凤佳. 国外学分银行制度综述［J］. 中国远程教育（综合版），2014（8）：29 - 39.

② 教育部关于加快发展中等职业教育的意见［J］. 职教论坛，2005（7）：11 - 14.

"建立全民终身学习的制度环境，建立国家资历框架"，"建立健全国家学分银行制度和学习成果认证制度"。同年国务院印发《国家职业教育改革实施方案》对建设国家资历框架做了部署和要求，明确要实施学历证书和职业技能等级证书的互认互通，在有条件的地区实施试点。2022 年 5 月新修订的《中华人民共和国职业教育法》（以下简称新《职业教育法》）提出"国家建立健全各级各类学校教育与职业培训学分、资历以及其他学习成果的认证、积累和转换机制，推进职业教育国家学分银行建设"。综上，建设面向全体社会成员，融合各级各类学习成果的学分银行，是推动我国终身学习和学习型社会建设的重要方略。

随着终身教育理念的广泛传播和国家政策的推动，搭建终身学习"立交桥"，建设学习型社会成为世界的潮流。建立学分银行制度、学习成果认证和转换制度，建设资历框架，实现各级各类教育衔接和沟通成为建设终身教育体系和学习型社会的重要举措和共同行动。① 我国各地区纷纷响应国家号召，各地教育部门纷纷围绕融通普通教育与职业教育推动终身学习、统一教育标准、完善质量保障体系、改革传统的教育管理与评价机制、促进人才跨境流动等方面开展理论和实践研究。2016 年全国教育科学规划领导小组办公室批准设立国家社科基金教育学重点课题"国家资历框架研究"，2023 年全国教育科学规划领导小组办公室批准设立"数字教育促进学习型社会与学习型大国建设研究"，教育部职业教育发展中心也组织开展了"基于职业教育的国家资历框架研究与实践""基于职业教育的国家资历框架实践研究"等课题的研究。据不完全统计，我国正式挂牌的学分银行已达 40 家。

广东作为经济强省、教育大省和粤港澳大湾区（以下简称"大湾区"）建设的责任主体，各级各类教育的沟通和衔接，职业教育与劳动力市场的对接，职业教育、高等教育和继续教育的协同创新和特色发展，大湾区和"一带一路"国家人才流动等均需要统一建设学分银行，搭建终身学习"立交桥"，广东省对学分银行有着强大的内在需求。

广东学分银行的缘起要追溯到 2012 年年初，在终身学习理念和贯彻落实党和国家的新要求的时代使命的强大推动下，广东开放大学成立学分银行建设专项工作组，启动学分银行建设工作，在国内外开展广泛调研的基础上形

---

① 李江. 广东终身教育学分银行建设的基本构想［J］. 广东广播电视大学学报，2014 (2)：1 - 4.

成《广东省终身教育学分银行建设调研报告》，并得到启示：一是建设学分银行是世界各国构建终身教育体系和建设学习型社会的共同行动，势在必行。二是学分银行建设需要政府主导，多方合作。三是建设学分银行必须保障质量，确保学分银行的权威性。四是学分银行的业务范围涉及学历教育和非学历教育。五是要注意预留与国家资历框架衔接的空间。之后，广东开放大学提出由广东省教育厅批准成立广东学分银行，构建各级各类学习成果积累、转换的枢纽和纵向衔接、横向沟通的终身学习"立交桥"。同年广东省人民政府印发《广东省人民政府关于深化教育体制综合改革的意见》强调，开展继续教育学习成果认证和"学分银行"制度改革试点，促进各级各类教育有机整合，实现各级各类教育间的课程互选和学分互认。教育部印发《教育部关于同意广东广播电视大学更名为广东开放大学的函》，进一步明确广东开放大学要"积极推进'学分银行'建设，通过建立学习成果的互认和学分的累积、转换制度，探索搭建终身学习'立交桥'"。

2013年广东省教育厅召开广东学分银行建设研讨会，进一步明确了广东学分银行的目标定位、建设原则、管理体制和建设内容。2014年5月，广东省教育厅正式向广东省人民政府提出建设广东学分银行。同年12月，广东省人民政府组织召开了学分银行建设专题会议，会议认为学分银行是服务社会成员终身教育学分认证、积累与转换的一项制度安排，对实现各级各类教育间学习成果的认证、积累与转换，沟通衔接学历教育和职业教育，搭建人才成长的"立交桥"，提升我省终身教育管理水平具有重大意义。本次专题会议明确学分银行领导体制、决策机制、投入机制、执行机制等重要问题，确立了广东学分银行政府主办、教育行政部门主管、人力资源保障等职能部门多元主体协同推进的建设模式，对广东学分银行的发展具有里程碑式的重要意义。一是广东学分银行建设工作纳入省教育体制改革领导小组统筹协调范围。二是广东省教育厅成立广东学分银行管理委员会，由广东省教育厅主要负责人担任主任，广东省教育厅、广东省人力资源和社会保障厅分管负责人以及广东开放大学校长担任副主任，委员由广东省发展和改革委员会、广东省经济和信息化委员会、广东省教育厅、广东省人力资源和社会保障厅、广东省财政厅、广东省民政厅、广东省教育考试院、广东省教育研究院、广东开放大学、中山大学、华南理工大学、华南师范大学、广东轻工职业技术学院、广州番禺职业技术学院等14个单位的负责人组成。三是明确广东学分银行建设所需经费纳入财政专项预算予以保证。四是强调了广东学分银行建设是一项系统工程，意义重大，任务重要，涉及部门多，要求各有关单位要支持和配合广东学分银行建设工作，确保高质量完成各项建设任务。

自此，广东学分银行破茧而出，进入发展阶段。

❀ 第三节 广东学分银行的发展

为加快推进学分银行建设，《广东省中长期教育改革和发展规划纲要（2010—2020 年）》《广东省人民政府关于深化教育体制综合改革的意见》《广东省现代职业教育体系建设规划（2015—2020 年）》等文件中提出建立学分银行制度助力学习型社会建设和广东经济社会发展等相关要求，并在广东省委全面深化改革重点项目、广东省深化教育领域综合改革试点、广东省高等职业教育教学改革、广东省地方标准制订修订项目等省级重点项目中设专项研究学分银行建设。在国家、省系列政策的推动下，项目研究的丰硕成果进一步指导了学分银行建设，广东学分银行建设蓝图、体制机制、建设路径等逐步清晰。

一、顶层设计：服务全民终身学习的省级学分银行

2015 年 5 月，广东省教育厅印发《广东终身教育学分银行建设工作方案》，该方案是广东学分银行建设的纲领性文件，它从顶层设计的角度系统规划了广东学分银行的建设蓝图。

（一）建设目标

广东学分银行是由广东省教育体制改革领导小组统筹领导和协调，由广东省教育厅主办和管理，服务全体社会成员终身学习的省级学分银行。旨在实现各级各类教育之间的沟通和衔接，实现学习成果的认证、积累和转换，拓宽终身学习通道，搭建人才成长的"立交桥"。

（二）建设原则

广东学分银行遵循六大建设原则（见图 1 - 1）：一是政府主导，广东学分银行建设由广东省教育厅主办和管理，省人力资源和社会保障厅等相关部门协同，政府主导确保学分银行建设的权威性。二是定位准确，广东学分银行是省级终身教育学分银行，它以服务学习者为中心，兼顾政府部门、各级

各类教育培训机构、行业企业的需求。三是合作共建，广东学分银行由政府部门、各级各类教育培训机构、行业企业等多元主体协同建设。四是科学设计，强调遵循规律和符合实际，能与国家资历框架相衔接，能与国际主流资历框架接轨。五是技术先进，强调现代信息技术和先进理念的运用。六是分步建设，学分银行建设是一项宏大的系统工程，对学分银行建设要统筹规划，分步实施，先易后难，先局部后整体。

图 1-1　广东学分银行建设原则

（三）　建设内容

　　广东学分银行建设内容包括：一是组织架构建设，需要明确决策机构、咨询机构、执行机构、质量保障机构并明确其职能。二是资历框架建设，需要明确学习成果的等级、类型和各级各类学习成果的相互关系。三是标准体系建设，学分银行的标准体系主要包括学习成果认证通用标准和行业能力标准。四是制度体系建设，包括学历教育之间的学习成果认证、积累和转换制度，学历教育与非学历教育之间的学习成果认证、积累和转换制度及质量保障制度等。五是信息管理平台建设，包括门户网站、工作平台、服务平台等，是学分银行业务设立的技术支撑。六是服务体系建设，在高校、行业（企业）建立服务网点。

二、体制机制：管办评分离、多元主体协同推进

2014年12月，经广东省人民政府同意，广东省教育厅通过成立广东学分银行管理委员会的方式正式宣告了广东学分银行的诞生，广东学分银行由广东省教育厅主办和管理，重大事项提交广东省教育体制改革领导小组研究。广东学分银行管理委员会作为学分银行决策机构负责学分银行建设的指导和决策，具体由省直7委厅（广东省教育厅、广东省人力资源和社会保障厅、广东省发展和改革委员会、广东省工业和信息化厅、广东省民政厅、广东省财政厅、广东省农业农村厅）、2院（广东省教育考试院、广东省教育研究院）、6校（广东开放大学、中山大学、华南理工大学、华南师范大学、广东轻工职业技术学院、广州番禺职业技术学院）组成；同时建立了专家委员会作为咨询机构，专家委员会由国内外21名知名专家组成；广东省教育厅成立学分银行管理中心作为管理与执行机构（挂靠广东开放大学），具体负责学分银行的管理与运营；另外将设立质量保障机构负责广东资历框架下的资历评审和资历名册的管理。

图1-2是广东学分银行组织架构图，它体现了管评办分离的管理思想和政府指导多元主体协同推进的建设模式，它由广东省教育厅主办、广东终身教育学分银行管理委员会负责管理与运营、质量保障机构负责质量评审，广东省发展和改革委员会、广东省人力资源和社会保障厅、广东省财政厅等部门及有关高校、行业（企业）共同建设。

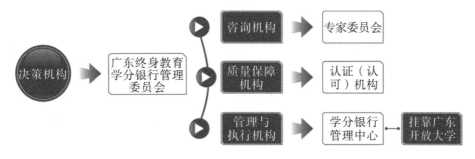

图1-2 广东学分银行组织架构图

三、建设路径：统筹规划，先易后难，分步实施

统筹规划，先易后难，分步实施是广东学分银行的建设原则，也是建设

路径。综观国际上学分银行制度的建设，大部分都是从基础制度建设到学分互认实践分阶段稳步推进的过程，学分银行建设是各利益相关者理念创新、观念碰撞、思想变革、制度设计、政策推行、价值认同、协同推进的一个漫长过程。学分银行建设在发展阶段全面铺开具有较大操作难度，广东学分银行采用边探索边实践边完善的实施路径，先在广东开放大学局部试点，并选择从比较容易实现、国内有一定实践经验的学分认定和转换工作开始。2016年在广东开放大学设立学分认定和转换首批试点，建立学习成果认定与转换制度33项，在23个专业近10万人中开展各级各类学习成果认定与转换试点，覆盖本科、专科、中职三个学历层次，涉及500多门学历教育课程，190种职业资格证书，210项培训课程、技能竞赛、工作经历等。

在学分银行的发展阶段，广东学分银行明确了学分银行建设愿景、建设原则、体制机制、建设路径、建设内容，解决了学分银行建设由谁领导、由谁建设、由谁决策、由谁提供经费等核心问题，为广东学分银行的成型和高质量发展奠定了坚实的基础。

❄ 第四节　广东学分银行的成型

要解决我国教育培训机构多种教育质量标准并存，各级各类学习成果的沟通和衔接、行业能力标准研制缺失上位标准，人才培养标准与岗位能力要求脱节，技术技能人才成长通道不畅等问题，核心是要有统一标准，即沟通和衔接各级各类教育的上位标准。"建设资历框架，实现各级各类教育的沟通衔接"是解决上述问题的国际经验，也是广东学分银行成立后的首要任务。2016年，广东学分银行联合9个单位启动广东终身教育资历框架等级标准（以下简称"广东资历框架"）的研制工作，广东资历框架前后采纳了100多个机构、200多位专家的100多条意见。2017年，广东资历框架以地方标准形式发布，是中国内地首个正式发布的终身教育资历框架。

基于广东资历框架，广东学分银行进行了探索与实践，推进信息管理平台、质量保障机制、标准体系、制度体系和服务体系等方面建设，在学分认定和转换、资历名册、行业能力标准、资历框架对接等方面取得了比较大的成效，初步实现了学历教育和非学历教育之间的沟通和衔接、教育市场与人力资源市场的融合对接，构建了支撑多种途径人才成长的"立交桥"，形成了政府主导多方参与、具有法定地位，以资历框架为内涵、以标准为核心、以质量保障为前提、以数字运作系统为支撑、服务网络遍布城乡的学分银行建设的广东模式。

一、多方参与的建设模式

目前，学分银行在我国一些条件比较成熟的地区和高校开展了实施试点工作，但严格来讲，学分银行是国家层面的制度创新，涉及教育改革与发展的顶层设计，政府主导是最大限度发挥学分银行应用价值和社会意义的必然要求和前提条件。此外，学分银行以服务终身学习、实现共同发展为价值追求，需要兼顾各类教育、各种人群和各方利益，相关市场主体等多方参与的合作共建机制是确保学分银行建设科学性、合理性、可操作性和适用性的根本保障。广东学分银行在寻求政府支持和各方认同、凝聚共识、汇聚力量、促进最佳的共同利益等方面进行了深入的探索与实践，形成了具有一定代表性的建设模式。广东学分银行建设作为广东教育改革与发展的重要战略被列入广东省全面深化改革的任务，由广东省教育体制改革领导小组统筹协调，广东省教育厅主管，人社部门、行业企业、教育培训机构、研究机构等多元主体协同推进，同时通过成立学分银行管理委员会、专家委员会、学分银行管理中心和创立学分银行专项资金等举措，支撑广东学分银行的有序运行和发展。

二、权威公正的法定地位

学分银行建设需要法治思维来确保学分银行的权威性、严肃性和公信力，立法是国际通行做法，如新西兰《教育法》《行业培训法》以及中国香港《学术及职业资历评审条例》（第592章）等。在广东学分银行顶层设计初期有关部门已充分认识到立法的必要性和重要性，广东省教育厅制定的《广东终身教育学分银行建设工作方案》在政策保障部分提出需要出台广东省终身学习相关条例以保障学分银行的运行。2018年《广东省职业教育条例》发布并提出"省人民政府教育行政部门应当建立和完善终身教育学分制度"，"构建普通教育、职业教育以及业绩成果互认的终身教育资历框架体系"。自此，学分银行的法定地位以条例条款的形式得以确立，虽然终身学习的立法进程仍需继续完善，但《广东省职业教育条例》的发布对于广东资历框架的法治环境而言，已经是质的飞跃。

三、等值互认的制度基础

学分银行运行的本质是等值互认，关键要有共同尺度，建设资历框架是实现等值互认的基础。资历框架是指由教育部门联合不同利益群体共同制定、反映各类学习成果的等级和通用标准，为建立各级各类教育系统和劳动力市场之间相互衔接的认证制度提供共同参照。[1] 广东资历框架以欧盟资历框架等级描述为基础，是一个涵盖小学到博士的七级资历级别制度，它突破了以学历为主的资历界限，搭建了各级各类各阶段人才成长的"立交桥"，为社会成员、用人单位、教育培训机构等提供了统一的标准，是学分银行运行的制度基础和内在逻辑。

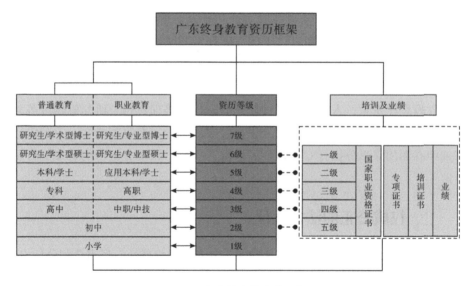

图 1-3 广东终身教育资历框架

注："/"表示或的意思，如"本科/学士"表示本科或学士。

---

[1] 张伟远. 国家资历框架的理论基础和模式建构 [J]. 中国职业技术教育，2019（18）：28-35.

表1-1　广东终身教育资历框架等级标准

级别	知识	技能	能力
第1级	掌握工作或学习所需要的基本的常识性简单知识	具有完成简单任务的基本技能	能够在他人直接指导下完成简单的学习或工作任务
第2级	掌握工作或学习所需要的基础知识	具有应用相关信息和简单工具,完成常规任务的基本技能	能够在他人的指导下在一定程度上自主地完成学习或工作任务
第3级	掌握某个工作或学习领域所需要的事实性和理论性知识	具有在某个工作或学习领域中,选择和应用相应的信息、工具和方法,解决具体问题和完成相应任务所需要的技能	能够在变化且可预测的环境中,基于工作或学习的指引进行自我管理,监督他人的常规工作,承担评价和改进工作或学习的有限职责
第4级	掌握某个工作或学习领域所需要的综合、专业、理论的知识,并了解知识应用的范围	具有创新性地解决抽象问题的综合的认知和实践技能	能够在不可预测的工作或学习环境中,履行管理和指导的职责,评估和改进自己和他人工作或学习的表现
第5级	掌握某个工作或学习领域所需要的高层次知识,对理论和原理进行批判性理解	具有在某个专业的工作或学习领域中,创新性地解决复杂和不可预测问题的高级技能	能够在不可预测的工作或学习环境中,管理复杂的技术或专业项目,承担管理个人和团队专业发展及做出决策的职责
第6级	掌握某个工作或学习领域中高度专业化知识,包括某些可作为原创思维和(或)研究基础的前沿知识;对某个领域和交叉领域的知识形成批判性认识	具有在研究和(或)创新中,为发展新知识、新工艺以及整合不同领域知识所需的专业化解决问题的技能	能够应对和改变复杂、不可预测、需要新策略方法的工作或学习环境,承担促进专业知识和实践发展和(或)评估团队战略绩效的职责

续上表

级别	知识	技能	能力
第7级	掌握某个工作或学习领域以及交叉领域最先进的前沿知识	具有最先进的技能和方法，包括综合和评价，解决在研究和（或）创新中的关键问题，扩展和重新定义已有知识和专业化实践	能够站在工作或学习（包括研究）的前沿，表现出高度的权威性、创新性、自主性、学术性和职业操守，能持续不断地形成新的理念和方法

由图1-3可见，广东资历框架作为统一各级各类教育的7级资历框架，明晰资历类型、资历等级相互间的关系，打通普通教育、职业教育、培训及业绩之间横向沟通、纵向衔接的通道，普通教育、职业教育的小学到博士分别对应1~7级资历等级，培训及业绩中的国家职业资格证书一级、二级、三级、四级、五级分别对应广东资历框架6级、5级、4级、3级、2级。

表1-1从知识、技能、能力三个维度描述了从1级到7级的等级要求，确立学习成果认定与转换的共同尺度，为实现学习成果等值互认提供了参照。

四、成效为本的标准体系

标准体系是一定范围内的标准按其内在联系形成的科学有机整体[1]，成效为本的标准体系是学分银行建设的核心，成效为本指的是以学习者为中心，以目标为导向，以能力为本位，以学习成果为证据[2]，它聚焦于学习者完成学习经历后，能成功掌握的能力。广东学分银行目前已出台的标准体系包括地方标准、团体标准、岗位资历认可标准（见图1-4）。广东资历框架等级标准以地方标准形式发布，从知识、技能和能力三个维度规定了各个级别所应达到的成效标准。行业能力标准以团体标准形式发布，以行业需要的能力为核心，具体指在不同的岗位中完成主要任务所需的能力要求及成效标准，岗位资历认可标准以各行业能力标准为依据，对从业人员在岗位积累的工作经验和能力进行评估和认可的标准。

---

[1] 中国标准化研究院. 标准体系表编制原则和要求：GB/T 13016—2009 [S]. 北京：中国标准出版社，2009.

[2] 章玳. 香港高校基于成效为本的课程改革与启示 [J]. 现代远程教育研究，2014（1）：81-86，90.

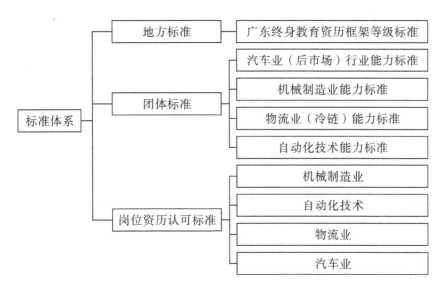

图 1-4 广东学分银行标准体系

五、内外兼修的质量保障机制

质量保障是学分银行发展的生命线，质量保障机制包括院校自我（内部）评估和外部的质量评审。对广东而言，质量保障机制除了确保广东学分银行的持续发展外，对实现大湾区和"一带一路"国家学分资历互认和人才流动具有特殊意义，这是建设广东质量保障机制必须考虑的重要问题。而目前我国没有国家层面的学分银行和资历框架，虽然内地个别区域有了先行先试的经验，但其质量保障方面的实施尚在研究或探索阶段，并没有形成成熟的可推广的机制和模式；香港资历框架下的质量保障机制经过多年的运行和完善，其法治性、科学性、先进性和有效性获国际高度认同，其相关政策、程序及工作模式经高等教育质量保证国际网络（INQAAHE）评估达到国际水平[①]，是符合国际标准且具有领导地位的第三方质量保障机制，值得广东学习和借鉴。广东质量保障机制最终采取了粤港共建的建设模式，在大湾区战略背景下，粤港合作共建广东质量保障机制真正体现了湾区所向、港澳所愿和广东所需。利用香港优势领域以推动广东学分银行快速发展为切入点，建

---

① 香港学术及职业资历评审局. 主席序言. ［EB/OL］. ［2024-06-15］. https://www. hkcaavq. edu. hk/zh-hans/about_hkcaavq/welcome_message/chairman_message/.

立与国际接轨的内外结合的质量保障制度，提升教育和培训机构自我评价和自我监察能力，并增强其内部质量保障能力，确保基于资历框架的资历达到统一的质量要求，是广东学分银行质量保障机制建设的目标。广东学分银行质量保障机制建设内容主要包括：法定的专业评审机构、评审标准和评审流程、系列支持政策和奖励制度、资历名册及管理机制。质量保障机制建设的详细内容见本书第二章第三节，不在此赘述。

六、虚实结合的数字运作系统

教育数字化正以前所未有的速度在深刻改变着人类的学习方式、教育方式、思维方式和生活方式。[①] 广东学分银行也阔步迈入数字学分银行的新时代，数字学分银行运作系统的建设包括终身学习电子档案、资历名册数字系统、信息系统和实体中心，为全民提供线上线下相结合的个性化、一站式、智能化的精准服务和体验服务，如资历画像、学分地图、就业指引和职业规划等，提升了学分银行的服务能力和终身学习的魅力。

七、以人民为中心的服务网络

学分银行建设坚持以人民为中心的发展思想，把增加人民幸福感、获得感和促进人的全面发展作为建设的出发点和落脚点。为了让学分银行制度惠及更多人群，提升学分银行的服务能力和终身学习的魅力，广东学分银行制定了终身教育服务网络的建设标准，明确建设原则和建设要求，致力打造遍布全省城乡、延伸到村居社区的终身教育服务网络，让终身教育服务真正下沉到村居社区，服务人人。目前，广东学分银行已成立了 128 个服务点。

---

① 怀进鹏. 数字变革与教育未来：在世界数字教育大会上的主旨演讲 [J]. 中国教育信息化，2023（3）：I0009.

第二章
广东学分银行的制度建设

学分银行是一项创新性的制度设计，涉及体制机制、思想理念及众多的利益主体，是一项巨大、复杂的系统工程。新西兰、法国、澳大利亚等国家及中国香港地区的成功经验表明，制度建设是保证各相关机构通力合作，推动教育治理体系和治理能力现代化的关键。广东学分银行的制度体系由法律、地方标准和各类文件组成（见图 2-1），为学分银行建设提供了制度保障和发展方向。

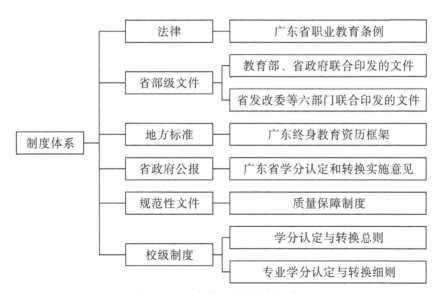

图 2-1　广东学分银行的制度体系

❀ 第一节 广东学分银行的政策指向

学分银行制度与国家现行教育政策和规定之间存在诸多矛盾，如毕业年限不弹性、收费方式不灵活、改革政策不到位等问题，涉及诸多教育体制改革的内容，相关政策配套必不可少。① 广东省委、省政府非常重视构建终身教育体系和学分银行建设工作，在出台的系列政策中为广东学分银行建设提供保障，并对学分银行发展方向做了超前部署。

一、建立资历框架和学分银行制度法治环境

为贯彻落实新《职业教育法》《国务院关于加快发展现代职业教育的决定》《国务院办公厅关于深化产教融合的若干意见》等法律法规和政策文件，适应我省经济社会发展以及大湾区建设的新要求，完善现代职业教育法制保障，《广东省职业教育条例》（以下简称《条例》）经广东省第十三届人大常务委员会第三次会议于 2018 年 5 月 31 日通过并公布，共七章五十八条，自2018 年 9 月 1 日起施行。《条例》为资历框架和学分银行制度设了专门条款，即第二章第十五条，它规定："省人民政府教育行政部门应当建立和完善终身教育学分制度，通过学分积累、转移和互换，促进学历与非学历教育衔接连通、互通互认，推进非学历教育学习成果与职业技能等级学分转换互认，构建普通教育、职业教育以及业绩成果互认的终身教育资历框架体系。受教育者通过继续教育或者培训等方式，积满中等职业教育要求的相应学分，经认定可以获得中等职业教育学历证书和职业资格证书或者相应技能等级证书。受教育者通过继续教育或者培训等方式，积满与专科层次高等职业教育要求的相应学分，经认定可以获得专科层次高等职业教育学历证书和职业资格证书或者相应技能等级证书。"《条例》将学分银行制度、资历框架、学分互认、学分认定、积累和转换工作以法律的形式固化，为广东学分银行建设和持续发展提供了法定保障，同时也为广东学分银行搭建人才成长"立交桥"，

---

① 杨晨，顾凤佳. 国外学分银行制度综述 [J]. 中国远程教育，2014 (8): 29 – 39.

满足学习者升学、就业等多元发展需求提供了法定基础。《条例》是国内赋予资历框架和学分银行制度法定地位的第一部法律文件。

二、推动大湾区人才有序流动

粤港澳建设国际一流湾区、打造世界级城市群，是习近平总书记亲自谋划、亲自部署、亲自推动的国家战略。2020 年 11 月，教育部、广东省人民政府印发的《推进粤港澳大湾区高等教育合作发展规划》（以下简称《规划》）对大湾区高等教育合作发展进行了顶层设计并提出要把大湾区打造成为国家深化高等教育体制机制改革试验区，教育服务"一带一路"国际合作重要枢纽，以及内地与港澳教育全面合作发展的生动典范，建成世界领先水平的高等教育体系和国际教育示范区。《规划》提出，在广东省终身教育资历框架与香港资历框架对接的基础上，探索建立大湾区资历框架及其质量保障机制。探索制定大湾区高等教育学分认定和转换工作相关办法，研究特定课程学习成果认定标准，鼓励湾区高校探索开展学分认定、积累和转换工作。完善招生入学、弹性学习及继续教育制度，畅通转换渠道。支持有条件的职业院校与港澳地区合作开展职业技能等级证书试点工作，探索实现学历证书与职业技能等级证书互通衔接。建立健全学分银行制度，建设学分银行管理平台，为学习者提供终身学习账户，开展各级各类教育与培训学习成果认定、积累和转换，满足学习者通过跨校学习、在线学习、自主学习等渠道获得学分，构建更加开放畅通的人才成长通道，推动大湾区人才有序流动。《规划》高瞻远瞩，从三个方面对学分银行和资历框架工作进行了部署和要求，为广东学分银行的建设指明了方向。一是顶层设计方面要建立健全学分银行制度、实现粤港资历框架对接、建立大湾区资历框架及其质量保障机制。二是制度层面要制定大湾区高等教育学分认定和转换工作相关办法。三是实施层面要建设管理平台、建设终身学习档案，开展学分认定和转换工作，并强调要研究学历证书与职业技能等级证书互通衔接问题，强调跨校学习、在线学习、自主学习等渠道的学习均可获得学分。

三、推进职业教育高质量发展

为打造世界一流的职业教育，服务国家战略和建设大湾区、支持深圳建设中国特色社会主义先行示范区，2020 年 12 月 1 日，教育部、广东省人民政府联合印发《教育部　广东省人民政府关于推进深圳职业教育高端发展　争创世界一流的实施意见》（以下简称《意见》）。《意见》要求，继续推进粤港澳资历框架对接，依托"学分银行"，开展大湾区学历教育与非学历教育学习成果认定、积累和转换，推动学分、学历、学位和技能等级互认互通。支持深圳市率先探索与港澳地区开展职业技能等级认定试点，面向港澳学生开展职业技能等级认定。鼓励大湾区内的企业建立技能等级与基本薪酬、岗位职级挂钩的激励机制。由上可见，资历框架和学分银行建设作为推进粤港澳职教联动发展，打造湾区职教高地的互通共享机制被再次提出，同时鼓励大湾区内的企业建立以能力为导向的人才评价机制，即技能等级与基本薪酬、岗位职级挂钩的激励机制。要建立中国特色职业教育高质量发展模式，建设技能型社会、畅通技术技能人才的成长通道是必经之路，也是教育部、广东省人民政府对学分银行部署的新任务，提出的新要求。

四、促进产教深度融合

国家产教融合建设试点是一项综合性、系统性改革。党中央、国务院把深化产教融合改革作为推进人力人才资源供给侧结构性改革的战略性任务。为贯彻落实国家产教融合建设试点有关精神，促进教育链、人才链与产业链、创新链有机衔接，打造人力资源强省，加快构建现代化经济体系，广东省发展改革委等六部门印发《广东省产教融合建设试点实施方案》（以下简称《试点方案》）。《试点方案》要求畅通粤港澳产教融合，推动粤港澳资历框架对接，开展学校特定课程学分互认，逐步实现专科学历、职业资格、专业技术、职业技能等级互通，探索与港澳地区开展职业技能等级认定试点。鼓励大湾区内的企业建立技能等级与基本薪酬、岗位职级挂钩的激励机制。《试点方案》把粤港澳资历框架对接、学分互认、资历互通、凭技能提升待遇作为推动粤港澳产教融合的重要举措，并要求教育行政部门和人社部门要全力支持和推进相关工作。

综上，广东省委、省政府对广东学分银行的发展及意义非常重视，出台系列政策高度聚焦建立和完善资历框架和学分银行制度，服务人的全面发展、大湾区建设和职业教育高质量发展。具体包括：一是要继续完善资历框架和学分银行制度，建设质量保障机制、建设学分银行信息管理平台、建设终身学习档案，更好地发挥其在构建学习型社会和学习型大国中的积极作用。二是实现粤港资历框架对接，实现大湾区学分、学历、学位和技能等级互认互通，实现专科学历、职业资格、专业技术、职业技能等级互通，推动大湾区人才有序流动，助力大湾区人才高地建设。三是学历与非学历教育衔接连通、互通互认，开展各级各类教育与培训学习成果认定、积累和转换，构建更加开放畅通的人才成长通道。四是开展职业技能等级证书试点工作，探索实现学历证书与职业技能等级证书互通衔接、非学历教育学习成果与职业技能等级学分转换互认。五是建立以能力为导向的人才评价机制，鼓励大湾区内的企业建立技能等级与基本薪酬、岗位职级挂钩的激励机制，支持劳动者凭技能提高待遇。

※ 第二节　广东学分银行的治理体系

广东学分银行的建设定位是服务全体社会成员终身学习的省级学分银行，因而在治理过程中，社会成员的获得感是学分银行首要考虑的问题，但各级各类教育培训机构、行业企业、政府部门都与学分银行存在共生共长的关系，它要求学分银行的治理体系一定也要关照到利益相关者的利益。另外，为了确保学分银行的法治地位和治理水平，合法、规范、公平、合理地反映学分银行运行的本质，学分银行的治理体系除了有法律、制度和文件外，还应该有研究机构和专业机构的加持。因此，学分银行应建立以法律、制度和文件为基本遵循，多元主体合作共治的治理体系。

一、广东学分银行的治理模式

学分银行的出现是社会治理进步的显著特征，它是政府组织、社会组织和市场共同参与社会治理的一种模式，它基于资历框架下的资历等级和通用标准将各级各类资历统一到一个框架，拓宽终身学习通道，为社会成员的学业提升、职业晋升和社会上升提供终身学习阶梯。[1]广东资历框架 2017 年以地方标准的形式推出，2018 年广东省出台《条例》等主要政策，2019 年以省政府公报的形式发布省级高等教育学分认定和转换制度，2020 年印发《规

---

① 杜怡萍. 粤港澳大湾区资历框架对接的价值蕴意及模型构建 [J]. 高教探索，2020（1）：39 – 42，47.

划》，政策、标准和制度赋予了广东资历框架治理的基础，确保学分银行决策机构、咨询机构、运行及管理机构、第三方评审机构等治理相关方的权力得到保证，权力得到规制，建设与应用更加规范。

在治理过程中如何制定政策、制度、文件和建立机制，激活多元主体的实践和行动，并在实践中推进不同的参与主体协商共治，是建设治理模式的关键。广东学分银行的治理模式体现了以下特点：

一是法治先行。法治是政府与社会协商共治的重要保障，《条例》明确了资历框架的法定地位，为各利益群体的合作共治奠定了法治基础，提高了社会的治理能力。

二是标准引领。标准是为了在一定范围内获得最佳秩序的一种具有基础性、通用性的语言[①]，是各利益群体协商一致的结果，易于执行，有效地提高了治理水平。广东资历框架作为地方标准，具备促进教育治理制度化、现代化和规范化等方面的特征。

三是管办评分离。广东学分银行构建了广东省教育厅主管、学分管理中心管理与运营、广东资历评审服务中心评审和评价的管办评分离的治理模式，管、办、评各主体实事求是地根据各自的职责和分工，充分调动各方面的积极性，相互配合，共同促进学分银行的发展。

四是多元协同。治理模式强调政府分权与社会自治，其本质特征是多元主体参与协同治理[②]，学分银行建设是全社会的事业，需要政府各部门、各级各类教育机构、行业企业、社会团体等多元主体的协同治理，他们既相互依赖又相互独立，关注政府与社会的互动关系，通过协商、合作和互动解决学分银行实施进程中的问题，并希望通过治理传播学分银行的观念、理念、内涵和价值，达成共建共治共享的新格局，吸引更多不同的主体介入到治理体系中形成合力，不断提升服务全民终身学习的能力。在学分银行建设的探索期，政府部门是治理的主导力量，教育、财政等政府部门负责出台规划、制定政策和提供经费，行业企业、研究机构、院校及港澳相关机构等多元主体合作共建标准和制度，推动管理权责向下分权，实现多元共治，从而提升

① 中华人民共和国教育部. 教育部关于完善教育标准化工作的指导意见 [EB/OL]. (2018 - 11 - 08) [2024 - 6 - 29]. http://www. moe. gov. cn/srcsite/A02/s7049/201811/t20181126_361499. html.
② 褚宏启. 绘制教育治理的全景图：教育治理的概念拓展与体系完善 [J]. 教育研究，2021 (12)：105 - 119.

多元主体参与教育治理的广度和深度，进一步体现了教育治理合作、民主、分权、平等、协商的价值取向。如在推动各领域、各群体、各利益主体的参与、协同和配合方面，教育部门统筹制订广东资历框架，行业企业主导建设行业能力标准，院校为主体制订学分认定和转换细则等。

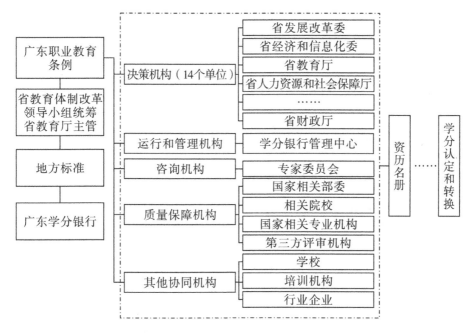

图 2-2 广东学分银行治理模式图

综上，广东学分银行治理模式具有法治先行、标准引领、管办评分离，以政府组织为主、多元主体协同推进的特征，如图 2-2 所示，它由省教育体制改革领导小组统筹领导和协调，广东省教育厅主办和管理，由广东省教育厅、广东省经济和信息化委等省直六委厅、广东省教育考试院、广东省教育研究院、广东开放大学、中山大学等组成决策机构，由国内外知名专家组成咨询机构、管理与执行机构学分银行管理中心（挂靠广东开放大学）、质量保障机构、各级各类学校、行业企业及培训机构等多元主体协同建设和实施。

二、广东学分银行的治理生态圈

根据生态圈理论，整体与个体、个体与个体间相互作用、相互影响、相互赋能，能够促进整体和个体实现更高质量成长，这为构建学分银行治理生态圈（以下简称"治理生态圈"）提供了理论基础。

根据广东学分银行建设内涵及治理模式的主要特点，治理生态圈可以分解为政策层、制度层、实施层和利益层等四个层面，其相互之间的关系如图2-3所示。

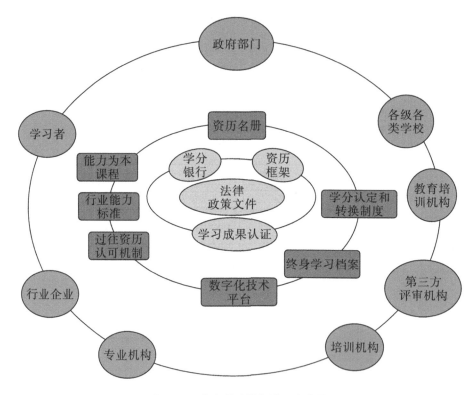

图2-3 广东学分银行治理生态圈

从图2-3可以看到，政策层是治理生态圈的关键，也是制度层实施的关键核心，包括法律和政策文件，具体就是指上文提到的《条例》《规划》等。法律具有强制性，效力高，能高效推动各利益群体的通力合作，政策性文件为提高社会治理水平和推动实践发展提供方向性指导。学分银行是一个以多元主体共同参与为重要特征的生态圈，需要通过政策层推动各利益群体的多元共治，并最终形成政府治理和社会自我调节良性互动的治理机制。

制度层为实施层提供了上位标准，在治理生态圈中起着主导作用。制度层包括资历框架、学习成果认证和学分银行。资历框架是学分银行建设的标准，学习成果认证是学分银行建设的质量保障。学分银行、资历框架、学习成果认证构成了广东特色基于数字时代的三位一体的终身教育体系。通过资历框架、学习成果认证制度和学分银行制度，在数字技术的支撑和相关政策的保障下，将个人通过多种学习方式获得的知识、技能、能力等根据质量保障机制进行评审，并对评审通过的学习成果进行认定、积累和转换。

实施层包括资历名册、学分认定和转换制度、行业能力标准、建设能力为本课程、过往资历认可机制、数字化技术平台等，它是根据制度层的三位一体的制度体系的相关标准和质量要求制定的实施体系。

利益层涵盖学分银行相关利益主体，包括学习者、各级各类学校、政府部门、行业企业、专业机构等个体。它处于治理生态圈外围，是广东学分银行建设的参与者、探索者、实践者和受益者。他们秉承合作、开放、共赢、自我调节的原则，在治理生态圈内分工协作，各司其职。

政策层、制度层、实施层和利益层构成一个有机整体，整体与个体、个体与个体间互为条件、互相关联、互为补充、合作赋能，有效地推进广东学分银行建设。

以上治理生态圈的四个层次和组成要素，凸显了以资历框架为标准、学习成果认证制度为保障、学分银行制度为运作平台的三位一体的制度体系；提出了以资历名册、学分认定和转换制度、行业能力标准、能力为本课程、过往资历认可机制、数字化技术平台等实施举措，强调了政府主导不同利益群体共同参与的协同治理模式。

✳ 第三节　广东学分银行的质量保障

质量保障是学分银行发展的生命线，没有质量保障的学分银行是不可能持续发展的。在学分银行和资历框架的探索实践中，各国都十分重视质量保障机制的建设，如新西兰、法国、澳大利亚等国家及中国香港地区都建立了质量保障机制并通过立法确定了其法定地位。我国个别区域虽然开展了学分银行或资历框架的探索与实践，但基于学分银行的质量保障机制建设方面的实践尚处于空缺状态，广东率先对广东资历框架下的质量保障机制进行了探索和实践。

一、质量保障的概念及内涵

质量保障的概念起源于制造业，质量是指将差异缩减至最小，确保产品符合标准。后来服务行业对质量进行更广阔的定义，质量指的是顾客期望的零偏差，也即质量代表的就是客户满意度。那么何谓教育系统的质量保障？教育系统的质量保障指的是对教育系统、机构或项目的质量进行评价（评估、监督、保证、维护和改进）的持续不断的过程。作为一种监管机制，质量保障既注重问责，也注重改进，通过一个约定俗成的、连贯一致的过程和既定的标准，提供信息和判断（而不是排名）。质量保障有内部质量保障（即为监督和提高教育质量而采取的内部做法）和外部质量保障（即确保教育机构和项目质量的外部做法）之分。质量保障活动有赖于必要的机制，这些机制最好有坚实的质量文化做支撑。质量管理、质量提高、质量控制和质量评估是确保质量的手段。质量保障的范围取决于教育系统的形式和规模。①联合国教科文组织进一步指出，质量是一个多维度、多层面、动态化的概念，教育质量虽受教育模式、愿景使命、社会环境、学习者的价值观和情商等影响，但政府、院校、行业、企业、社会大众等对教育的期望是影响教育质量的关键因素。

综上，质量保障机制是一种合格性评定，它由一系列原则、标准、指引、指标、工具等组成，对机构或其资历进行评审和评估，以确保其能达到和维持所需的质量，旨在保证资历和学分的对等性和可比性，有助于机构和资历提供者持续改进，同时可使外部利益相关方（如学生、家长、用人单位等）对该机构及其提供资历的质量具有信心。质量保障机制通常包括教育和培训机构内部的质量保证机制和外部的质量评审机制。一般而言，正规教育提供的学历教育有着严格的区域和本国的质量标准，设有国家层面质量评审的权威评审机构，各院校根据质量标准要求，也会建立内部质量保障机制，设有专门的质量保障部门和专职人员，设有不同学历教育层次的学术委员会，制定详细的内部质量保障手册，保证学历教育的质量标准和社会公信力。因此，通过正规教育获得的学历教育学习成果，是有质量保障的，根据资历框架下

① Lazăr VLĂSCEANU, Laura GRÜNBERG, and Dan PÂRLEA. quality assurance and accreditation: a glossary of basic terms and definitions. [EB/OL]. [2024-04-01]. https://unesdoc.unesco.org/ark:/48223/pf0000134621.

的学习成果认证要求，有质量保障机制的学历教育不需要再经过认证。资历框架下的学习成果认证主要是面向缺乏质量保障机制的非正规教育和非正式学习的学习成果，也即外部质量保障机制，外部质量保障机制主要包括以下几方面。

一是独立公正的评审机构。为了确保评审的科学性、客观性和公正性，第三方评审机构必须具有独立性和公正性，具备必要的专业背景和实践经验，具备做出客观、公正判断的能力和水准，最好具有法定地位和法定职能，不受任何机构和个人干预。

二是成效为本的评审标准。学分银行强调学习的成效，成效为本是学分银行保证各级各类学习成果公平对接的理论基础。聚焦学生完成学习后能运用于实际的能力，并以此组织及安排所有活动。它强调学生可以经历不同的学习过程，但能达到同一成效。评审标准是符合质量的最低要求，必须是明确、具体且易于理解的，便于评审人员做出最科学和客观的判断。评审标准应当涵盖机构和资历的各个方面，包括评审活动的具体观测点。

三是公开透明的评审流程。评审流程立足于公开透明、可靠公正，覆盖评审的整个生命周期。流程应当包括自我评估和提供资料，便于机构和资历提供者了解机构本身或其提供资历的优缺点，并可根据评估结果加以改进。

四是持续改善质量文化。质量保障机制应当持续改进和常态化，同时要定期对评审标准和评审流程进行自我检视和修订完善，以更好地适应内外部环境变化，满足社会各界的期望。

二、广东学分银行质量保障的内容

为了深入实施广东资历框架，保障和提升我省教育教学质量，推动粤港资历框架对接、大湾区资历互认和人才流动，2021 年，广东学分银行启动了资历框架下的质量保障机制（以下简称"质量保障机制"）建设。质量保障机制建设历经了总体设计、调研、起草、粤港磋商、专家研讨、试点验证、征求意见、修改完善等阶段，学习借鉴了新西兰、澳大利亚等国家及中国香港地区先进的建设经验，广泛调研了相关行业、企业和院校的现实需求，充分反映了各利益群体的意见，确保质量保障机制建设的科学合理、实用适用、规范严谨而又具有战略性、前瞻性、引领性和示范性。

质量保障机制建设的核心是设立评审机制，对机构是否有能力达到其设定的目标，或其资历的知识、技能和能力是否达到广东学分银行的质量要求进行评审，只有符合质量要求的资历，才能进入广东终身教育资历名册（以下简称"资历名册"），供全社会查阅并规划终身学习。需要强调的是，第三方评审机构在进行评审的同时，其实也是传播质量文化的过程，是引导教育培训机构建立自我评价和自我监察能力、逐步建立并提升其内部质量保障能力的过程，质量保障机制可以系统地改善人才培养的质量，助推学习型社会建设。广东学分银行质量保障机制建设包括以下几方面。

（一） 明晰评审范围， 建设评审机构

建设评审机构是广东学分银行建设的重要任务，也是构建管办评分离治理体系的重要一环。广东资历评审服务中心是广东学分银行的质量评审机构，负责学分银行质量保障工作，具体担任资历框架下资历的评审和资历名册的管理工作。学历教育有着严格的质量保障和评审机制，相应的资历和学分得到国家和国际的认可，不需要评审机构进行评审，可以直接进入资历名册。技师教育证书、专业技术职称证书、国家职业资格证书、职业技能等级证书、技能竞赛获奖证书、岗位业绩奖励证书也有严格的质量保障和评审机制，但上述证书的资历级别界定较为复杂，它们分属不同的行业领域，又横跨教育、人力资源两大板块，既有由专业部门认证的职业资格，又有由教育部门评价的职业教育、职业培训所获得证书，上述两部分在具体内容上既有差异，又有重合，因而资历级别需要评审机构根据评审标准确定后方可进入资历名册。非学历教育的学习成果目前标准各异，质量参差不齐，非学历教育的学习成果需经广东资历评审服务中心质量评审后方可进入资历名册。非学历教育的学习成果包括院校非学历教育培训证书、培训机构培训证书、企业培训（认证）证书等。另外，基于认可从业人员在岗位上积累的知识和能力的需要，广东资历评审服务中心还负责对岗位资历认可机构进行评估机构的评审。综上，广东资历评审服务中心是确保广东学分银行下资历科学性、客观性和公信力的关键，它应该是政府认可、独立自主的第三方机构，它的评审范围具体包括三种类型：一是非学历教育的学习成果的质量评审，二是证书类成果（有质量保障）的资历等级的匹配或评定，三是岗位资历评估机构的评审。

（二） 规范评审类型， 制订评审标准

评审类型是指根据评审要求的不同对评审对象进行分类，广东学分银行的评审类型分为资历评审和评估机构评审。其中资历评审包括成果评审、课程评审。

评审标准根据评审类型制定，评审标准其实就是质量标准，是资历进入广东学分银行的最低要求。它反映的是各利益群体对教育及培训质量的期望要求，是系统地度量教育培训机构或培训项目是否能达到或维持教学水平并能持续改善的标准参照，能帮助教育及培训机构树立质量意识、掌握评审基本要求、建立内部质量保障机制并持续改善机构运营及其资历质量。依据成效为本的理念，评审标准应关注学习者经历学习后能成功掌握技能的能力，关注培养目标、教与学策略、考核策略是否与学习成效相配合，教育质量是否能有效维持并能持续提升等。具体体现在以下四个方面：一是专业培养目标是否与拟定学习成效配合，宽度和深度是否合适；二是教与学策略能否达到专业培养目标及相应资历级别的拟定学习成效，并能让学员循序渐进学习；三是考核策略是否有效及可靠，是否有助于培养目标；四是拟定学习成效是否按相应资历级别教学，教育质量是否通过内部质量保障系统有效监察、持续改善。

成果评审是根据资历颁发机构的资质、资历的质量标准和程序对技师教育证书、专业技术职称证书、国家职业资格证书、职业技能等级证书、技能竞赛获奖证书、岗位业绩奖励证书的资历级别进行的评审，而非质量评审。课程评审是对院校非学历教育培训证书、培训机构培训证书、企业培训（认证）证书是否符合学分银行的质量标准而开展的评审。课程评审采用课程评审为本的模式，即重点评审课程内容，如学习目标、学习成效、目标学员、资历结构及内容、教学资源、支持服务、教学安排、教学过程保证等。但也会对教育培训机构内部质量保障、组织机构、管理制度、人员配置、经费保障等进行评审，特别在初步评估和机构复审阶段。课程评审采用四个阶段质量保障程序（见图2-4），四个阶段分别为初步评估、课程评审/课程复审、课程范围评审和机构复审。初步评估是对机构的管理、财务可行性、人力资源、质量保障等进行评估；课程评审是全面评估课程的策划及管理、教学安排、评核方法、支持服务、质量保障等，以确保课程能达到其目标及拟定的学习成效，课程复审是指对已取得评审资格的课程进行复审，以判断该课程是否持续达到机构所制订的目标，并符合之前课程评审的评审标准及广东资历框架的标准；课程范围评审是指教育培训机构在教学教育过程中持续表现良好的办学质量时可申请获得指定范围的评审资格，获得评审资格后可在指定范围内具有资历批量进入资历名册的资格；机构复审是指已通过课程范围评审的机构需接受定期复审，维持其课程范围评审资格。四个阶段质量保障程序传达的是通过不同的主题不断提升和强化教育培训机构的能力，强调的是不断提升和改善的质量文化，但并不代表课程评审一定要遵循四个阶段质量保障程序。课程范围评审和机构复审要求比较高，控制比较严，绝大多数教育培训机构只符合初步评估、课程评审/课程复审的要求，它也是进入学分银行的起步点。评估机构评审是对教育培训机构管理能力、质量保障机制、人员配备、资源管理能力、财务状况等根据质量标准而开展的评审，旨在评定评估机构是否有能力就指定行业或行业分支评估个人的技能、知识或经验。

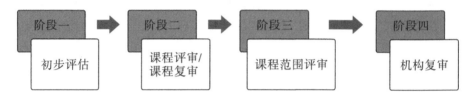

图2-4 广东学分银行四阶段质量保障程序

值得一提的是，新《职业教育法》中提到，教育及培训机构应有组织机构和管理制度，有与培训任务相适应的课程体系、教师或者其他授课人员、管理人员，有与培训任务相适应、符合安全要求的场所、设施、设备，有相应的经费保障教育教学工作的开展，广东学分银行对教育培训机构设置的评审标准与之保持高度一致。

（三）设立评审流程，建立持续改进机制

广东学分银行的评审流程主要包括递意向、评审辅助期、签协议、成立评审小组、递交文件、提出初步意见、区别式评审、进行实地考察、形成评审报告等9个环节。其中的意向是在教育培训机构有意向接受评审并递交意向书后，广东资历评审服务中心才会界定评审的范畴，然后双方签订服务协议，明确双方的角色和责任。另外需要强调的是，广东学分银行评审流程借鉴了香港资历框架下评审流程相关经验，引入评审辅助期和区别式评审环节。评审辅助期是指广东资历评审服务中心为有意向参加评审的教育培训机构在准备评审阶段提供必要的辅助；区别式评审是指教育培训机构有良好的业绩或根据评审小组初步意见提交的评审文件及其他补充文件内容非常充分，此时评审小组可以适度简化评审流程，如不进行实地考察等。

评审流程是规范评审工作的全过程管理，营造同行评估、标准为本、证据为本、切合目标、具有透明度的公共决策环境是评审流程设立的关键。同行评估是指评审小组成员由具有相关知识和经验的学科、行业、质量保障等

领域的专家组成，特别强调的是评审小组成员均以个人身份参加；标准为本指的是以评审标准为尺度，评审标准是反映营办者必须具备的整体能力，以达到其教学目标及课程学习成效，在评审过程中，有关评审标准、最低要求及解释说明都会提供给教育培训机构和评审小组作为参考；证据为本是指评审小组以教育培训机构所提供的资料（包括评审文件、评审小组初步意见的回应及实地考察的口头回应）作为证据，以判断教育培训机构是否达到评审标准及切合其自定的目标；切合目标是指评审工作按教育培训机构自定的目标及规模进行，确保其开办的课程能达到其声称的目标及资历级别要求；具有透明度是指与评审工作相关的手册、指引文件均以网络形式公开，供评审小组及教育培训机构查阅，评审小组关注的焦点或问题也会提前知会教育培训机构。

全面质量管理（Total Quality Management，简称TQM）是一种以持续改进为核心的管理理念和方法，旨在通过持续改进提高总体水平。作为对教育培训机构能力及其资历水平进行评审的质量保障机制，更需要建立评价—反思—改进的持续改进的机制，及时呼应国家相关政策和学分银行的发展，以确保其实用性、适用性和时代性。广东学分银行的质量保障机制非常重视持续改进机制，如定期收集利益相关者的意见、邀请专家对四个阶段质量保障程序进行检视、邀请外部专家对评审流程进行全面检视等。

❋ 第四节　广东学分银行的成果认证

一、学习成果认证、积累与转换的价值

自党的十六大把建设学习型社会列为全面建设小康社会的重要目标以来，构建终身教育体系，探索建立多种形式学习成果认定和转换机制，畅通不同类型学历教育、学历教育与非学历教育、校内教育与校外教育之间的转换通道，促进优质教育资源开放共享，创新人才评价制度已成为我国重要的教育方针。从2010年开始，党中央出台了大量政策文件提出建立健全各级各类学校教育与职业培训学分、资历以及其他学习成果的认证、积累和转换机制。如《中国共产党第十八届中央委员会第三次全体会议公报》《国家职业教育

改革实施方案的通知》《中国教育现代化2035》《深化新时代教育评价改革总体方案》《国务院关于深化考试招生制度改革的实施意见》《关于在院校实施"学历证书+若干职业技能等级证书"制度试点方案》等文件。2016年，教育部出台《关于推进高等教育学分认定和转换工作的意见》，这是专门针对高等学校（包括普通本科院校、高职院校与成人高校）学分认定和转换工作的指导性文件，也是迄今为止我国高等教育领域开展学分认定和转换工作的纲领性文件。该文件对各类高等学校之间的学分认定与转换、高等教育自学考试的学分认定与转换，以及非学历学习成果的学分认定与转换提出了明确举措。之后教育部在《关于全面提高高等教育质量的若干意见》《高等教育专题规划》《关于加快建设高水平本科教育全面提高人才培养能力的意见》等文件中对普通高校推进学分制改革，推进校际课程互选、学分互认等关键问题进行了进一步部署，在《教育部关于加强高等学校在线开放课程建设应用与管理的意见》《教育部办公厅关于做好2018年深化创新创业教育改革示范高校建设工作的通知》等文件中提出推进在线开放课程学分认定、完善创新创业相关课程学习认证和学分认定制度。新《职业教育法》提出"国家建立健全各级各类学校教育与职业培训学分、资历以及其他学习成果的认证、积累和转换机制"。

学分认证、积累和转换实现不同类型教育、学历与非学历教育、校内与校外教育之间互通衔接，畅通终身学习和人才成长渠道，它是学分银行服务全民终身学习的核心功能之一，有助于降低辍学率、减少重复学习、提高学习效率，有助于拓宽人才成长通道、促进教育培训机构之间的合作培养和学分互认[1]，有助于提升个人自尊、激励终身学习、增强就业能力等，具有重要价值，备受国内外关注和重视。[2] 联合国教科文组织（UNESCO）、经济合作与发展组织（OECD）、欧盟（EU）等组织认为，学习成果认证特别是非正规和非正式学习成果认证对于人力资源开发、终身学习体系建设、个人权利与选择、社会公平与融合乃至社会经济效益等方面具有重要价值，对于在

① 香港特别行政区政府教育局. 香港资历架构学分累积与转移：政策及原则 [EB/OL]. [2024-06-29]. https://www.hkqf.gov.hk/files/record/qf-cat-resources/1/CAT_PPOG_2024-1713236337.pdf.
② 张伟远. 国家资历框架的理论基础和模式建构 [J]. 中国职业技术教育, 2019 (18): 28-35.

社会和经济上处于弱势地位或拥有较低资格的群体来说作用尤大。[1]

二、学习成果认证、积累和转换的概念

学习成果认证是基于成效为本的评价和质量保障机制，对学习者的各级各类学习成果是否符合资历框架等级要求的合格评定。学习成果积累是指将学习者在不同时间、不同地点取得的各级各类学习成果，按照一定的规则要求存入个人终身学习档案库。学习成果转换是指学习者根据转换规则，将个人在学分银行积累的学习成果转换为相关机构的相应课程学分、证书，从而实现不同或相同类型学习成果之间的融通和互认。

总而言之，学习成果认证、积累和转换是将个人在学习中所获得的知识、技能和经验通过评审给予认可的机制，并转化为能够被其他机构和组织所认可和接受的形式的过程。本书的学习成果认证、积累和转换是指以学历教育为参照，对非正规和非正式的学习成果进行认证，包括机构学习成果认证和个人学习成果认证。

三、广东学分银行的学习成果认证、积累和转换

基于广东资历框架，广东学分银行推动以省政府公报形式发布了《广东省教育厅关于高等教育学分认定和转换工作实施意见（试行）》（以下简称《实施意见》），以团体标准形式发布了汽车业（后市场）、机电制造业、物流业（冷链）、自动化技术等4个行业能力标准，建设了质量保障机制。质量保障机制、《实施意见》、行业能力标准构成了广东学分银行学习成果认证、积累和转换工作的制度体系，有力地推动了学习成果认证、积累和转换工作。

广东学分银行的学分认证、积累和转换包括以院校为主体的学分认定、积累和转换，以行业企业为主体的岗位资历认可机制，以教育培训机构为主体的资历认证。

（一）学分认定、积累和转换

以高等学校为切入点建立多种形式学习成果认定、积累和转换机制，对于畅通不同高等学校学历教育之间、学历教育与非学历教育、非正式学习之

---

① 王海东. 非正规与非正式学习成果认证问题探讨 [J]. 终身教育研究，2018，29
（6）：80 – 86.

间的转换通道，建立通过多种学习渠道成才的"立交桥"，对于充分调动学习者的学习积极性和创造性，推动建设全民终身学习的学习型社会具有极为紧迫和重要的意义。①

1. 开展学分认定和转换试点

我省有各级各类高等学校 160 多所，各校之间质量参差不齐甚至差别很大，学分认定和转换工作比较复杂和艰巨。为确保高等教育学分认定和转换顺利进行，我省按照教育部"统筹规划、试点先行、有序推进"的原则，在试点阶段建立了学分认定总则，于 2016 年率先在广东开放大学 19 个专业近一万名学生中开展高等教育学分认定和转换改革第一轮试点；2018 年在总结经验并充分征求意见的基础上，聚焦《教育部关于推进高等教育学分认定和转换工作的意见》相关要求，制定了《广东省高等教育学分认定和转换工作的实施意见》并在全省高校共 28 个专业开展第二轮试点。

2. 发布省级学分认定和转换制度

在全面总结试点经验的基础上，2019 年 10 月，《实施意见》正式以广东省人民政府公报形式发布，为院校开展学分认定提供了依据。《实施意见》一是明确了学分认定和转换工作的指导思想、基本原则、工作目标和适用范围（见图 2 - 5），提出以"以学习者为中心、以高等学校为主体，实质等效、规范有序、标准引领"为原则建立具有中国特色的学习成果认定和转换制度。二是确定了学历教育课程、在线课程学习证书、国家职业资格证书、专项证书、培训证书、技能竞赛、非遗传承项目、职业经历、实习实践、志愿服务、创新创业、科学研究、社会服务、文化传承、发明专利等成果的认定和转换方法，并规定通过学分认定和转换获得的学分可达学历教育毕业学分要求的50%。

---

① 郝克明. 学分认证、转换制度与终身学习：在 2016 构建终身学习立交桥和学分银行系统学术论坛（南京）上的发言 [J]. 终身教育研究，2017（2）：6 - 10.

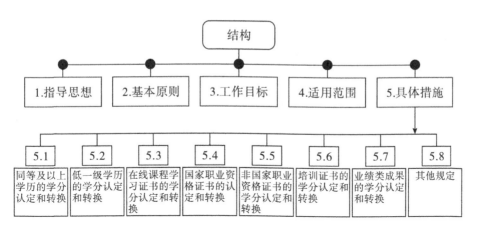

图 2-5 《实施意见》结构

（二） 学分认定和转换工作的展望

2022 年 5 月新《职业教育法》正式实施，为职业教育高质量发展夯实了法治基础，为学习成果的认证、积累和转换机制高质量发展提供了法律依据。广东学分银行要把新《职业教育法》的要求转化为反映时代特色和时代要求的具体制度，分析并建立学习者在不同地点、不同环境和不同时间通过正规、非正规的途径而获得的学习成果，包括各级各类学习成果、职业培训、资历及其他学习成果的认定和转换制度。一要更加关注职业教育与普通教育的学习成果的融通和互认，关注学业证书、培训证书、职业资格证书、职业技能等级证书等技术技能类成果在不同教育间、不同资历级别间和不同资历类别间的流动。二要更加关注质量保障机制。质量保障是学分银行可持续发展的关键，对学习成果认定和转换工作亦然。学分认定和转换应建立严谨的质量保障机制，设立相关机构（认证委员会或咨询小组）负责学习成果认定和转换工作，并要建立权力互相制衡的工作机制，建立广东资历评审服务中心审核和定期检查的评估机制，以确保学习成果认定和转换工作的质量。三要关注学术完整性及严谨性。认定和转换工作不能削弱学术完整性及严谨性，应以学习成果为基础，以实质等效为依据，对学习成果认定和转换的学分上限做出明确规定，从国内外调研情况来看，学习成果认定和转换获得的学分不超过毕业总学分的 50% 是比较合理的。四要关注认可的原则。学习成果认定和转换工作既要坚持学术完整性，也要具有合理性和灵活性，国际通行采用

"合理认可"① 方法，教育培训机构、资历、课程种类繁多，因此没有两项资历或两门课程会完全一样，所以要求它们完全等同是不现实也不合理的，"合理认可"是指教育培训机构应采用"合理认可"的方法确认学习成果，不同的资历或课程内容有70%~80%吻合便可比对或转换，广东、云南具体规定为"教学目标相近，教学内容相关度在80%以上"，欧盟、中国香港地区的规定更宽泛一些，认为假如两个科目/单元的内容有70%~80%吻合，培训机构通常认同两者大致可比对。

（三）岗位资历的认可机制

岗位资历指的是依据行业能力标准，对从业人员在岗位中积累的工作经验和能力进行评估和认可，为技能人才提供了一条凭技能改变职场待遇的通道，而不仅仅是学历。岗位资历覆盖广东学分银行资历等级的3级（学历教育：高中/中技/中职）到6级（学历教育：研究生）。岗位资历与工作岗位密切相关，以认可从业人员在工作中获得的职业能力为导向，以工作业绩、岗位核心能力要求为重点，让不可见的知识和技能成为看得见的资历等级或资历学分，从而让从业人员了解自己的职业能力在资历框架中处于什么级别和水平，确立自己职业发展或学业提升的起点，并为更高级别的资历积累必要的学分。

技能人才是支撑中国制造、中国创造的重要力量，建立技能人才职业技能等级制度和人才多元化评价机制是党中央和国务院部署的重要任务，新《职业教育法》在加快培养技术技能人才、提升技术技能人才培养质量、提高技术技能人才的社会地位和待遇方面有很多具体的法律规定，对于技术技能人才，符合一定条件的"可以破格录取""可以适当降低学历要求"。加强技能建设是中国式现代化的应然之举，广东学分银行乘势而上，利用学分银行制度和资历框架，在技能人才技能等级、职称等级成长通道基础上，打造了支撑技能人才成长的新路径。由图2-6可见，技能人才可以凭职称等级、技能等级、资历等级等多通道成长。岗位资历认可机制是新时代"提高技术技能人才的社会地位和待遇"、建立技能人才多元化评价机制的有益补充。岗位资历认可机制在新西兰、澳大利亚等国家以及中国香港地区已推行多年。

---

① 香港特别行政区政府教育局. 香港资历架构学分累积与转移：政策及原则 [EB/OL].
[2024 - 06 - 29]. https://www.hkqf.gov.hk/files/record/qf - cat - resources/1/CAT_
PPOG_2024 - 1713236337. pdf.

在人力资源开发、终身学习体系建设、个人权利与选择、社会公平、社会经济效益等方面发挥了积极作用，已成为推动技能人才全面发展的重要一环。新《职业教育法》实施以来，特别是党的二十大成功召开后，高技能人才已作为人才强国战略的重要组成部分，高技能培养、高技能就业、高技能成才、高技能报国已在社会各界达成共识，实施过往资历认可机制的战略氛围和现实基础已具备。

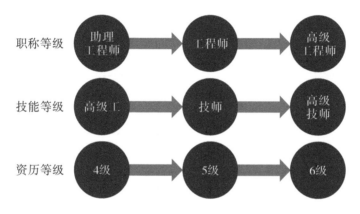

图2－6 高技能人才成长通道

图2－7是岗位资历认可机制场景图，从图可见，申请者就所具备的知识、技能和能力提交证明材料，政府委托具有相应资质的评估机构依据行业能力标准进行评估（包括面试、笔试和技能测试），申请者通过评估后可获得由评估机构颁发的资历证明书。岗位资历是通过公平、公开、公正的评估机制而获得，创设了行业企业与技术技能人才融合发展的新机制，在国家技能发展战略、新《职业教育法》的推动和社会支持下，行业企业将会逐渐把过往资历作为员工评价和晋升的重要依据。资历证明书与学历证书将逐步实现在升学和就业方面具有同等地位，实现持证（资历证明书）就业、升学或减免学分。

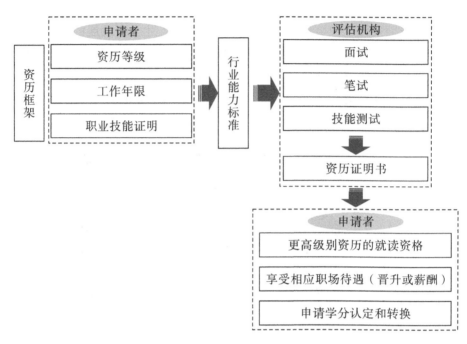

图 2-7　岗位资历认可机制场景图

（四）机构学习成果认证

　　机构学习成果认证的依据是质量保障机制，根据广东学分银行质量保障机制，学历资历、学历课程可以直接进入资历名册。非学历教育的学习成果、证书类成果（有质量保障）要经过评审方可进入资历名册。广东资历评审服务中心根据课程评审四阶段质量保障程序对非学历教育的学习成果进行评审，根据成果评审标准对证书类成果（有质量保障）开展评审，根据评估机构评审标准对岗位资历认可机构开展评审，具体内容详见本章第三节。

第三章
广东学分银行的资历框架

✳ 第一节　资历框架发展概况

　　根据经济合作与发展组织（OECD）的观点，资历框架是根据知识、技能和能力的要求，构建成一个连续的、可被认可的资历阶梯。国内学者普遍认为，资历框架是由政府教育部门联合不同利益群体共同制定、反映各类学习成果的等级和通用标准体系，旨在建立各级各类教育系统和劳动力市场之间相互衔接的认证制度。[①] 具体而言，资历框架就是衡量、沟通、衔接社会成员各级各类学历证书及学业证书、职业资格证书、职业技能等级证书等多元化学习成果的等级和通用标准，是形成普通教育、职业教育、培训及业绩之间横向沟通、纵向衔接的终身教育体系[②]，它由资历类型、资历等级和等级标准三部分组成，表明了资历的不同级别和不同资历的可比性，是知识学业、技能培训、岗位能力等各类资历分级分类和衔接的工具，是打通劳动制

[①] 张伟远. 国家资历框架的理论基础和模式建构 [J]. 中国职业技术教育，2019 (18)：28–35.

[②] 张伟远，谢青松，胡雨森. 终身教育资历框架全球化发展的关键议题 [J]. 现代远程教育研究，2020，32 (3)：44–50.

度与教育制度、职业教育与普通教育、职业资格证书与学历证书之间壁垒的母标准，是学习成果认定和转换的依据。

资历框架制度自 20 世纪 80 年代从英国发源以来，在全球不断扩散。其在推动教育强国、人力资源强国和技能型社会建设等方面的战略意义和现实价值已被广泛接受。西方发达国家中除了美国，几乎都已经建立了国家资历框架。据不完全统计，全球已经有 161 个国家建立或正在建设国家资历框架，占 193 个主权国家的 83.4%。① 新西兰、澳大利亚等国家（地区）已经开展资历框架的研究与实践多年。一些地区的资历框架实践主要通过立法渠道来实现，并且延续本国（地区）各行业固有的行业规范来进行标准制定或进行资历认定。资历框架在国际教育合作方面也有具体的实践，如为了促进欧盟内部的人才流动和教育的发展、提升区域教育水平，欧盟建立了各种类型的资历框架，包括高等教育资历框架、终身学习资历框架、质量保障参照框架以及相配合的组织机构、制度体系等。② 我国资历框架实践处于初级阶段，由于缺乏国家顶层的制度性法规，目前已有的资历框架实践不多。2008 年香港推行香港资历框架及相关的质量保障机制，2017 年广东省以地方标准形式发布广东资历框架。其中我国香港资历框架已经与欧盟、新西兰形成对接，广东资历框架的设计能够与我国香港地区、欧盟等地的资历框架形成较为完美的对接方案，但尚未形成具体对接的实施方案。香港资历框架建设比较成熟，《学术及职业资历评审条例》（第 592 章）为香港设立资历框架及其相关质量保障机制提供法律框架③，广东资历框架则通过地方标准的路径来实现，《广东职业教育条例》（第二章第十五条）为广东学分银行设立资历框架及其质量保障提供了法律依据，《推进粤港澳大湾区高等教育合作发展规划》等文件为广东学分银行的实践提供了政策方向。表 3 - 1 是按时间顺序梳理的国内外主要资历框架的建设情况。由表 3 - 1 可见，资历框架的发展模式具有多样性，但框架的组成元素基本上一致，资历等级和资历类型是资历框架最基本的元素。资历框架是资历的等级制度和有序集合，大多数框架把资历划分

① 李雪婵，赵斯羽，关燕桃. 广东终身教育资历框架的实践和展望 [J]. 中国职业技术教育，2019 (18)：59 - 64.
② 张伟远，傅璇卿. 试析欧盟构建资历和学分跨国互认终身学习体系的运作 [J]. 中国远程教育（综合版），2013 (11)：20 - 26.
③ 香港特别行政区资历架构·法律框架 [EB/OL]. [2024 - 06 - 29]. https://www. hkqf. gov. hk/sc/about - hkqf.

为 7~12 级，资历框架纵横向沟通衔接了不同类型的资历成果；资历框架的建设路径一般有两种：一是自下而上的模式，二是自上而下的模式。① 资历框架运行实施则需要具备相应的支持条件，要有相关的支持系统才能真正发挥横向沟通、纵向衔接的功能，例如，香港资历框架包括《能力标准说明》、质量保障、资历名册、过往资历认可机制等组成部分。总的来说，资历框架的支持系统主要有资历标准系统、资历认证系统、课程建设系统、学分转换系统、学习成果认定系统、质量保障系统及技术支持系统等。②

表 3-1　国内外主要的资历框架主要情况梳理

序号	名称	关键时间点	级别	管理部门	内容简介
1	新西兰资历框架	1992 年发布（NOF, National Qualification Framework）2010 年提升（NZQF, The New Zealand Qualifications Framework）	10	新西兰学历评估委员会（NZOA）	单一的十级架构：涵盖从高中到博士学位所有通过质素保证的新西兰资历
2	澳大利亚资历框架	1995 年引进，2000 年全面实施（AOF, Australia Qualification Framework）2011 年第一版，2013 年第二版	10	2008 年前：澳大利亚资历框架咨询委员会；2008 年后：资历框架委员会	全国统一的十级框架：内容涵盖基础教育领域、高等教育领域、职业教育和培训领域
3	爱尔兰国家资历框架	2003 年发布（NFO, The National Framework of Qualifications）	10	爱尔兰质量与资历管理局	统一的十级框架：目的在于促进学习者学历资格、职业资格等各类学习之间的沟通与衔接

① 张伟远. 我国终身学习立交桥的搭建：基于国际的视野［J］. 中国远程教育，2014（6）：28-32.

② 肖凤翔，黄晓玲. 国家资格框架发展的世界经验及其对我国的启示［J］. 职教论坛，2014（16）：79-83.

续上表

序号	名称	关键时间点	级别	管理部门	内容简介
4	欧盟资历框架	2005 年发布	8	欧洲资历架构咨询小组	宏观的八级架构：不包含任何资历，是参照框架，其设计上可充当枢纽或兑换工具
5	中国香港地区资历框架	香港立法会于 2007 年颁布的《学术及职业资历评审条例》（香港法例第 592 章）为设立资历架构及其相关质素保证机制提供法律框架。法例于 2008 年 5 月 5 日全面生效，同时资历架构亦正式推行	7	资历架构秘书处	七级的资历架构：包括学术、职业以及继续教育领域的资历，资历架构认可的资历经过质素保证，级别厘定按照客观和明确的标准
6	南非国家资历框架	1996 年发布国家资历，2009 年发布（NOF，National Qualification Framework）	10	南非资历管理局	十个资历级别及三个子资历框架（高等教育、普通教育、继续教育和培训、贸易和行业）
7	马来西亚资历框架	2009 年发布（MQF，Malaysian Qualifications Framework）	8	马来西亚资历管理局	八级资历框架：包括技能证书、文凭等资历类型
8	丹麦国家资历框架	2009 年 6 月推出	8	国家资历框架跨部门联合委员会	八级资历框架：涵盖基础教育、高等教育、继续教育和培训
9	英国资历与学分框架	2011 发布（QCF，Qualification and Credit Framework）	9	英国资历与考试规范办公室	统一的九级资历框架：由资格和单元组成，实现了普通教育和职业教育的融通

续上表

序号	名称	关键时间点	级别	管理部门	内容简介
10	苏格兰资历架构	2001年推出，2012年修订，2015年发布《苏格兰资历架构手册》新版	12	苏格兰资历架构当局	十二级资历框架：普通教育、职业教育和高等教育的各级各类资历
11	广东终身教育资历框架	2017年3月发布 2017年6月实施	7	广东终身教育学分银行管理中心	七级资历框架：涵盖普通教育、职业教育、培训及业绩间的沟通和衔接

　　资历框架是世界各国构建终身教育体系，建设学习型社会和技能型社会的重要举措与共同行动，也是我国构建终身教育体系，建设学习型社会和技能型社会的重要任务。[①] 我国各级各类教育和培训之间普遍存在鸿沟，育人标准与用人标准不对接，人力资源总体素质和人才竞争力受之影响。在知识经济社会，建立资历框架，融通各级各类教育和培训，使教育的价值不再仅仅是培育少量精英，而是能够为广大社会成员包括各种不同潜能的人提供最大限度地开发自身才能的学习机会和途径。[②] 我国"十三五"规划首次提出资历框架的概念并要求"制定国家资历框架，推进非学历教育学习成果、职业技能等级学分转换互认"。党的十八大以来，国家日益重视国家资历框架建设，《中国教育现代化2035》《国家职业教育改革实施方案》《推进粤港澳大湾区高等教育合作发展规划》等文件先后提出要建立国家资历框架，"建立国家资历框架，建立跨部门跨行业的工作机制和专业化支持体系""推进资历框架建设，探索实现学历证书和职业技能等级证书互通衔接"，我国资历框架建设已上升到国家教育发展战略层面的要求，各地区先行先试，在促进正规学习与非正规学习成果相互融通、改革传统的教育管理与评价体制、促进人才跨境流动等方面已形成了一定的实践成果，已有多个区域基于国际

---

① 李江. 广东终身教育学分银行建设的基本构想［J］. 广东广播电视大学学报，2014，23（2）：1-4.

② 郝克明. 学分认证、转换制度与终身学习：在2016构建终身学习立交桥和学分银行系统学术论坛（南京）上的发言［J］. 终身教育研究，2017（2）：6-10.

经验建立了区域性资历框架。例如，国家开放大学构建了"入门级+6个等级"的学习成果框架，广东省构建包含7个资历等级和3个维度等级标准的广东资历框架，为广东省内各级各类教育的衔接提供了参考。①

❉ 第二节　广东资历框架概述

　　资历框架在全球的兴起，是为了适应不断发展和变革的多样化的人才需求，对我国而言，资历框架是一项全新的事业，需要更新理念、建立机制、配套政策并落地实施。紧密贴合国家战略和社会需求，并在具体的社会情境中实现中国标准和国际标准的对接、中国标准与本土需求的匹配、中国创新和国际发展的结合，并通过持续不断的创新实践，逐步建成与国际接轨、具有中国特色的资历框架②，这是广东资历框架建设的战略要求，也是广东资历框架建设的应有之义。建设广东资历框架，是广东社会经济发展到一定阶段对教育需求的必然反应，是广东教育改革发展坚持以服务为宗旨、以需求为导向的必然结果，符合发展需求和客观规律。③ 广东资历框架建设首先需要在终身教育理论视阈内进行定位，它是服务全民终身学习的顶层制度，也是学分银行的上位标准。其次要在公共政策研究的脉络中探索其实施落地的有效方案，明确广东资历框架解决的公共问题是实现各级各类教育类型的沟通和衔接、教育市场与劳动力市场进一步对接、高等教育内涵发展和特色发展以及粤港澳人才的流动。资历框架的价值取向是坚持以人民为中心的发展思想，获得最佳秩序、促进共同效益。此外，标准化视角的引入，是广东资历框架实践与创新的理论支撑，广东资历框架最后采用标准化流程和地方标准发布形式，对丰富有中国特色的资历框架的理论基础、建设思路和实践模

① 陈丽，郑勤华，赵宏. 终身学习的新思想、新模式与新制度 [M]. 北京：国家开放大学出版社，2023.

② 张伟远. 国家资历框架的理论基础和模式建构 [J]. 中国职业技术教育，2019 (18)：28 – 35.

③ 郑文，吴念香，杨永文. 广东终身教育资历框架建设的实践与思考 [J]. 中国职业技术教育，2019 (27)：23 – 27.

式具有现实意义，对服务建设全民终身学习的学习型社会、学习型大国，助推教育标准化、国际化具有战略价值。

广东资历框架于 2017 年 3 月以地方标准（详见《广东终身教育资历框架等级标准》）形式发布，它由广东省教育厅提出并归口，现广东省质量技术监督局（广东省市场监督管理局）管理、审定并发布，国家标准化委员会备案并公告，省标准化研究院出版。广东资历框架具有国际上通行的资格框架功能，是学习型社会建设的基础性制度，是各级各类学习成果认定与转换的共同参照，是研制行业能力标准的上

《广东终身教育
资历框架等级标准》

位标准。它由资历框架（见图 3 - 1）和等级标准（见表 3 - 2）构成，明确了资历类型、资历等级及其相互之间的关系，从而建立各级各类资历成果的共同尺度，实现各级各类资历成果的等值互认。广东资历框架的核心元素包括以下几方面。

第一，资历等级。资历等级反映了资历水平的深度和广度。广东资历框架的资历等级分为 7 级，1 级最低，7 级最高，涵盖了小学到博士，包括了从幼年到老年的所有正规、非正规和正式、非正式的教育，覆盖人的一生，涵盖全体社会成员，充分体现终身教育理念。普通教育资历等级分为 7 级，从低到高（1 ~ 7 级）分别为小学、初中、高中、专科、本科或学士、研究生或学术型硕士、研究生或学术型博士；职业教育资历等级分为 7 级，从低到高（1 ~ 7 级）分别为小学、初中、中职/中技、高职、应用本科或学士、研究生或专业型硕士、研究生或专业型博士；培训与业绩资历等级分为 6 级，从低到高对应 2 ~ 7 级。

第二，资历类型。资历类型是指资历框架中覆盖的教育类型，广东资历框架的资历类型与国际通行划分方法类似，比较关注培训业绩。但绝大多数国家资历框架覆盖的教育类型是中学后的各级各类教育，广东资历框架覆盖的则是小学到博士的各级各类教育，这是广东资历框架与英国、澳大利亚等的国际主流资历框架不同之处，广东资历框架的资历类型划分为普通教育、职业教育和培训及业绩，涵盖各级各类教育，充分考虑了我国小学文化程度人口仍然存在的国情实际，符合终身教育思想。普通教育是指以科学文化知识为主要教学内容的学校教育类型。职业教育是指让受教育者获得职业或生

产劳动所需要的职业知识、技能和能力的教育类型。培训是指为满足学习者个人发展和完成工作任务的需要，对其所进行的培养训练活动，包括老年教育、社区教育、职业培训、国家职业资格证书、职业技能等级证书、培训证书等。业绩是指在工作中取得学术、职业或其他方面的成果，包括但不限于创新创业、科学研究、社会服务、文化传承、竞赛奖励等。可见，资历比学历内涵更加丰富，外延更为广阔。资历是根据相关规则，评定个人所获得的学习成果，并由政府正式颁发或认可的学历、学位、培训及业绩证书等，涵盖个人通过普通教育、职业教育、职业培训、继续教育、社会教育，以及自主学习等途径所获得的学习成果。[①]

第三，等级标准。等级标准从知识、技能、能力三个维度规定了资历等级的标准内涵，为各级各类教育的沟通衔接提供了一个共同的参照系。在知识维度，等级划分将常识性知识、基础性知识、事实性知识、理论性知识、专业性知识、高层次知识/批判性理论、高度专业化知识/批判性认识、最优秀的前沿知识由低到高进行明晰区分；在技能维度，等级划分将完成简单任务、完成常规任务、解决具体问题、解决抽象问题、解决复杂和不可预测问题、整合不同领域知识解决问题、解决研究或知识创新中的关键问题由低到高进行明晰区分；在能力维度，等级划分将他人直接指导/简单任务、他人指导/有限的自主能力、变化但可预测/监督他人/有限责任、不可预测/管理/评估、不可预测/复杂问题/制定决策、复杂/不可预测/发展新知识、工作和研究前沿/发展新理念和方法由低到高进行明晰区分。每个等级的知识、技能和能力要求均有明晰的区分度，符合人才培养和评价的基本规律。另外技能与能力的区别在于前者是专项能力，后者是综合能力。广东资历框架涉及的主要术语定义见表3-3[②]，需要强调的是，资历是一个比学历更加宽泛的概念，是指学历、学位、培训及业绩证书等。

① 张伟远，谢青松.资历框架和学分银行制度建设：基于新《职业教育法》的思考[J].职教论坛，2022，38（6）：37-44.
② 广东省质量技术监督局.广东终身教育资历框架等级标准：DB44/T 1988—2017[S].广州：广东省质量技术监督局，2017.

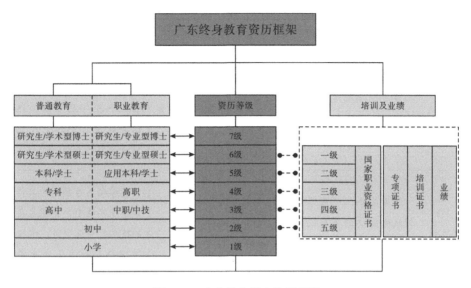

图3-1 广东终身教育资历框架

表3-2 广东终身教育资历框架等级标准

级别	知识	技能	能力
第1级	掌握工作或学习所需要的基本的常识性简单知识	具有完成简单任务的基本技能	能够在他人直接指导下完成简单的学习或工作任务
第2级	掌握工作或学习所需要的基础知识	具有应用相关信息和简单工具，完成常规任务的基本技能	能够在他人的指导下在一定程度上自主地完成学习或工作任务
第3级	掌握某个工作或学习领域所需要的事实性和理论性知识	具有在某个工作或学习领域中，选择和应用相应的信息、工具和方法解决具体问题和完成相应任务所需要的技能	能够在变化且可预测的环境中，基于工作或学习的指引进行自我管理，监督他人的常规工作，承担评价和改进工作或学习的有限职责

续上表

级别	知识	技能	能力
第4级	掌握某个工作或学习领域所需要的综合、专业、理论的知识，并了解知识应用的范围	具有创新性地解决抽象问题的综合的认知和实践技能	能够在不可预测的工作或学习环境中，履行管理和指导的职责，评估和改进自己和他人工作或学习的表现
第5级	掌握某个工作或学习领域所需要的高层次知识，对理论和原理进行批判性理解	具有在某个专业的工作或学习领域中，创新性地解决复杂和不可预测问题的高级技能	能够在不可预测的工作或学习环境中，管理复杂的技术或专业项目，承担管理个人和团队专业发展及做出决策的职责
第6级	掌握某个工作或学习领域中高度专业化知识，包括某些可作为原创思维和（或）研究基础的前沿知识；对某个领域和交叉领域的知识形成批判性认识	具有在研究和（或）创新中，为发展新知识、新工艺以及整合不同领域知识所需的专业化解决问题的技能	能够应对和改变复杂、不可预测、需要新策略方法的工作或学习环境，承担促进专业知识和实践发展和（或）评估团队战略绩效的职责
第7级	掌握某个工作或学习领域以及交叉领域最先进的前沿知识	具有最先进的技能和方法，包括综合和评价，解决在研究和（或）创新中的关键问题，扩展和重新定义已有知识和专业化实践	能够站在工作或学习（包括研究）的前沿，表现出高度的权威性、创新性、自主学术性和职业操守，能持续不断地形成新的理念和方法

表 3 - 3 广东资历框架主要术语

序号	术语	定义
1	终身教育 (lifelong education)	人们在一生当中各阶段所受各种教育的总和
2	资历 (qualification)	根据相关规则,评定个人所获得的学习成果,并由政府正式颁发或认可的学历、学位、培训及业绩证书等
3	资历框架 (qualifications framework)	根据知识、技能和能力的要求,构建成一个连续的被认可的资历阶梯
4	普通教育 (general education)	以科学文化知识为主要教学内容的学校教育类型
5	职业教育 (vocational education)	让受教育者获得职业或生产劳动所需的职业知识、技能和能力的教育类型
6	培训 (training)	为满足学习者个人发展和完成工作任务的需要,对其所进行的培养训练活动
7	业绩 (performance)	个人取得学术、职业或其他方面的成果,包括但不限于创新创业、科学研究、社会服务、文化传承、竞赛奖励等
8	知识 (knowledge)	与学习或工作有关的理论、原理、事实和实践,包括理论性、事实性、技术性和实践性知识
9	技能 (skills)	在学习或工作中应用相应的知识和方法,完成任务和解决问题的专项能力,包括认知技能和实践技能
10	能力 (competence)	在学习或工作环境下,在职业和个人发展的过程中,运用知识、技能和方法完成任务和解决问题所体现出来的素质

※ 第三节　广东资历框架的研制

在对欧盟、英国、新西兰、澳大利亚，以及中国的香港、国家开放大学等的典型资历框架进行比较研究和分析的基础上，广东学分银行联合广东省教育研究院、广东省职业技能服务指导中心、中山大学、华南师范大学、华南理工大学、广东交通职业技术学院、广东机电职业技术学院、香港珠海学院等8个单位启动了广东资历框架的研制工作，前后有100多个机构200多位专家参与该项工作。广东资历框架研制特色主要体现在如下四个方面。

一、对标对表先进标准

党中央、国务院高度重视先进标准的采标工作，党的十九大要求"瞄准国际标准提高水平"，新修订的《中华人民共和国标准化法》强调"国家积极推动参与国际标准化活动，开展标准化对外合作与交流，参与制定国际标准，结合国情采用国际标准，推进中国标准与国外标准之间的转化运用"。《教育部关于完善教育标准化工作的指导意见》提出，进入新时代，我国教育事业步入高质量发展阶段，教育标准的重要性愈益凸显，要强化标准对加快教育现代化、建设教育强国、办好人民满意的教育的支撑和引领作用，要加大国际教育标准跟踪、评估和转化力度，注重吸收借鉴国际经验。全球已有161个国家和地区建立了资历框架，对欧盟、新西兰、澳大利亚等国家（地区）资历框架研究发现，国际上虽然没有以标准形式发布资历框架，但欧盟资历框架形成了范围较大、水平较高的事实标准。欧盟作为具有重要国际影响力的区域一体化组织，在构建终身教育体系和跨国资历与学分互认方面走在了国际前沿[①]，欧盟资历框架采用知识、技能和能力三大描述维度（见表3-4）来明确资历的成效和要求，其划分方法具有科学性、代表性和前瞻性。中国香港地区资历框架（见图3-2）从2008年正式推行，经过十几年的酝酿和发展，已经形成以"资历学分"为通用货币和以"资历等级"

---

① 张伟远，傅璇卿. 试析欧盟构建资历和学分跨国互认终身学习体系的运作 [J]. 中国远程教育，2013 (21)：21-26.

为评价基础的较为成熟的与国际接轨的资历框架建设和运营模式，对香港经济社会的发展、人力资源的开发、培训市场的规范以及终身教育体系的构建等方面都发挥了重要作用[①]，有力提升了香港人力资源素质，推动了以能力为导向的多元化资历的人才评价发展模式。

采用先进国际标准是提高标准研制质量和水平的基本原则，也是推进我国教育标准化的重要举措。广东资历框架的资历类型、描述维度参考借鉴了欧盟资历框架等级描述的划分方法和描述，即资历类型分为普通教育、职业教育、培训及业绩，从知识、技能和能力三个维度进行分级分类的规定，但在具体表述方面则结合了我国教育界的认知习惯和实际情况，对相关技术指标进行调整、修改和验证，使之符合现行法律法规、现有标准，并融合国家职业资格证书、职业技能等级证书等相关要求。如我国继续教育未单独作为一种类型，且继续教育有学历继续教育和非学历继续教育之分，广东资历框架将学历继续教育体现在普通教育和职业教育中，非学历继续教育体现在培训和业绩中，既与欧盟资历框架等级描述的资历类型有明确的对应关系，同时也符合中国的实际。综上，知识、技能、能力三个描述维度被各个国家（地区）资历框架普遍采用，同时也符合我国教育界的认知习惯。

广东资历框架资历等级则参考借鉴了香港资历框架的等级划分方法，划分为 7 个资历等级，1~7 级从低到高具体为小学、初中、高中、专科、本科、硕士、博士。

表 3-4　欧盟资历框架等级描述

等级	知识	技能	能力
第 1 级	掌握工作或学习所需要的基本的常识性知识	具有完成简单任务的基本技能	能够在他人直接指导下完成简单的学习或工作任务
第 2 级	掌握工作或学习所需要的基础知识	具有应用相关信息和简单工具，完成常规任务的基本技能	能够在他人的指导下在一定程度上自主地完成学习或工作任务

---

① 黄健，刘雅婷，江丽，等. 资历框架的设计与运行：香港的经验启示及建议 [J]. 开放教育研究，2017（6）：111-120.

续上表

等级	知识	技能	能力
第3级	掌握某个工作或学习领域所需的事实、原则、程序性知识和一般概念	具有应用基本方法、工具、材料和信息完成任务和解决问题所需的一系列认知和实践技能	能够独立完成某个工作或学习任务；能够在问题解决的特定情境中调整自己的行为
第4级	掌握某个工作或学习领域所需的广泛的理论和实践知识	具有解决某个工作或学习领域各种具体问题所需的一整套认知与实践技能	能够在变化且可预测的环境中，基于工作或学习的指引进行自我管理，指导他人的常规工作，承担评价和改进工作或学习的有限职责
第5级	掌握某个工作或学习领域所需的综合的、专业的、实际的和理论的知识，并了解知识应用的范围	具有创造性地解决抽象问题的综合的认知和实践技能	能够在不可预测的工作或学习环境中，履行管理和指导的职责，评估和改进自己和他人工作或学习的表现
第6级	掌握某个工作或学习领域所需要的高层次知识，对理论和原理进行批判性理解	具有在某个专业的工作或学习领域中，创新性地解决复杂和不可预测问题的高级技能	能够在不可预测的工作或学习环境中，管理复杂的技术或专业项目，承担管理个人和团队专业发展及做出决策的职责
第7级	掌握某个工作或学习领域中的高度专业化知识，包括某些可作为原创思维或研究基础的前沿知识；对某个领域和交叉领域的知识形成批判性认识	具有从事旨在探索新知识以及整合不同领域知识的科研和创新工作所需的专门的问题解决技能	能够应对和改变复杂、不可预测、需要新策略方法的工作或学习环境，承担促进专业知识和实践发展或评估团队战略绩效的职责

续上表

等级	知识	技能	能力
第8级	掌握某个工作或学习领域以及交叉领域最先进的前沿知识	具有最先进的技能和方法，包括综合和评价，解决在研究或创新中的关键问题，扩展和重新定义已有知识和专业化实践	能够站在工作或研究的前沿，表现出高度的权威性、创新性、自主性、学术性和专业操守，能持续不断地形成新的理念和方法

图3-2　香港资历框架

二、遵循地方标准建设路线

广东资历框架以地方标准形式发布，是我国第一个具有标准化特征的地方资历框架。[①] 它采用标准化路线，遵循教育规律和标准化规定。遵循教育规律是指要符合现行国家教育体制，要覆盖全体社会成员终身学习需求和体现终身教育属性；遵循标准研制规定是指编写格式要严格遵循标准的有关条款，研制过程要充分发扬技术民主，严格遵循标准化工作的基本规律，遵守标准化工作的基本原理、方法和程序。

根据《国家标准管理办法》，标准研制包括准备、立项、起草、征求意

---

① 张伟远，谢青松. 资历框架的级别和标准研究 [J]. 开放教育研究，2017（2）：79-80.

见和验证、审查、报批、备案等主要阶段①，广东资历框架严格遵循标准的研制程序，即也要按照准备、立项、起草、征求意见和验证、审查、报批、备案等程序开展资历框架的研制工作，如图 3－3 所示。

图 3－3 广东资历框架标准化研制程序

（一） 准备、 立项与起草

本阶段核心任务包括四项：一是组建起草小组。根据《中华人民共和国标准化法》规定，标准起草和技术审查工作由标准化技术委员会负责，未组成标准化技术委员会的应当成立专家组，专家组的组成应当具有广泛代表性。目前我国没有国家资历框架，没有成立该项工作的标准化技术委员会，因而资历框架的起草工作可以通过成立起草小组来开展。为了确保资历框架的科学性、合理性、先进性、适用性和可操作性，起草小组成员一定要有代表性，要由涵盖普通教育、职业教育、培训、研究、职业技能、标准化、行业企业、社会团体等领域的代表组成。二是申请立项建设。资历框架是一项涉及众多领域的巨大且复杂的社会工程，必须形成由政府管理部门、教育培训机构、行业企业、社会团体协同建设的体制机制，资历框架正式研制前必须征得教育主管部门同意并向标准化管理部门申请立项，形成政府主导、行业参与和社会支持的良性互动机制。另外标准产生的客观基础是科学、技术和实践的综合，资历框架申请立项前必须有充足的基础，包括研究国际主流资历框架发展的经验和教训，分析国内资历框架建设的难点与痛点并组织研制资历框架（草案）等。三是形成资历框架征求意见稿（以下简称"征求意见稿"）。征求意见稿是对资历框架（草案）进行分析、比较、综合和规范化的结果，征求意见稿主要包括前言、范围、规范性文件、术语与定义、资历框架、描述维度和参考文献等规范性技术要素、规范性一般要素、资料性概述要素、

---

① 国家标准频道. 中国标准制定程序 ［EB/OL］. (2019－12－01)［2024－6－29］. http://www. chinagb. org/article－57736. html.

资料性补充要素等。四是编写编制说明。根据《中华人民共和国标准化法》《中华人民共和国标准化法实施条例》《国家标准管理办法》等要求，研制征求意见稿同时需要编写编制说明①，编制说明是记录标准制定过程中的研讨情况、论证情况或者是针对相关问题的解释说明，它在推动利益相关方理解标准的内容和认同标准的价值方面具有非常重要的作用。编制说明主要包括背景和意义、任务来源、工作过程、起草工作组成员、编制原则、技术指标、验证方法、验证的分析、采用国际标准情况、与现行法规和标准的关系、实施的要求和措施建议等。

（二）征求意见和验证

标准的本质属性是一种统一规定，这种统一规定是作为有关各方共同遵守的准则和依据，征求意见和验证是标准研制的重要环节，是推动有关各方认可和共同遵守的重要举措，是标准科学性和适用性的重要保证。

1. 广泛征求意见

资历框架涉及的利益相关方众多，需要以多种形式广泛征求意见以确保共同利益的实现。征求意见对象一要涵盖资历框架各级各类资历的代表，如小学、初中、高中、专科、本科、研究生等普通教育或教育培训机构的代表；二要包括教育部门、人社部门、行业企业、社会团体等单位的代表。起草小组对收集到的意见要进行分类汇总并逐条分析，明确处理意见和不采纳理由，从而确保标准的科学性、合理性、适用性、先进性和可操作性。

2. 深入开展验证

验证是标准制定工作的重要内容之一，对于提高标准化工作水平具有重要作用。开展验证工作，特别是采用国际标准的情况，通过对技术内容进行验证可以确保其符合我国国情，能够提高标准的编制质量。目前标准验证并没有明确的定义和要求，一般指在标准正式颁布之前，采用试验、模拟法、演示、试用法或对比、经验法对标准技术内容进行确认的过程。② 资历框架验证工作可采用专家会议和问卷调查的方式分级进行，将资历框架主要技术内容与已经颁布的技术成熟的标准条款、相关法律法规进行对比，通过专家的经验进行判断加以验证。

---

① 王玉红，汤海荣，张文娜，等. 标准编制说明的重要性及常见问题解析［J］. 中国标准化，2015（1）：90 – 94.

② 刘新建. 标准验证工作的思考［J］. 中国标准化，2012（1）：66 – 69.

在征求意见和验证的基础上,起草小组要系统研究分析征集意见的处理办法,形成征求意见汇总处理表,并在此基础上修改形成资历框架送审稿(以下简称"送审稿")。

(三)审查、报批与备案

形成送审稿后即进入审查和报批阶段。审查是为了进一步保证质量,审查主要对资历框架的必要性、完整性、协调性、正确性等进行审查和评价。该阶段要关注三个问题:一是审查的方式。审查方式主要有函审、会审和走访,具体由标准化管理部门确定和组织。二是审定会的主体。审定会一般由标准化主管部门组织召开,参加审定会的专家与审定内容有关,具体到资历框架,审定会主要涵盖终身教育、资历框架建设、标准化建设等方面的专家代表。三是形成资历框架报批稿(以下简称"报批稿")。起草小组根据审定会专家审定意见如实进行修改,修改形成报批稿报请标准化管理部门审批并发布为正式文本,并报国务院标准化行政主管部门和有关行政主管部门备案[①]后出版。

三、各利益相关方深度参与

"获得最佳秩序、促进共同效益"是标准制修订的根本目的,只有协商一致,才能"三稿(征求意见稿、送审稿和报批稿)定标",标准才具有科学性、合理性、适用性、先进性和可操作性。资历框架作为实现各级各类教育沟通衔接、职业教育与劳动力市场对接、教育体系与培训体系贯通及人才有序流动的一项重要制度,只有充分照顾各方利益,充分吸纳各行各业各方不同的技术思想和意见,做到协商一致,最大限度地实现共同利益和共同价值追求,资历框架才能凸显其服务全民终身学习的核心价值,才会逐步获得公众、社会和国际的认可。各利益相关方深度参与广东资历框架的研制工作主要体现在:一是起草小组成员具有代表性,涵盖普通教育、职业教育、培训、研究、职业技能、标准化、行业企业、社会团体等领域。二是征求意见对象具有广泛性。广东资历框架起草阶段通过专家研讨会、专家论证会、征求行业企业意见专题会、专家委员会会议、标准起草工作组会议等会议征求了68家单位77名专家意见,收集到261条建议。征求意见阶段涵盖资历框

---

① 国家标准频道. 地方标准备案 [EB/OL]. (2009 – 11 – 24) [2024 – 6 – 29]. http://www.chinagb.org/article – 57455. html.

架1～7级资历的各级各类代表，包括有关省属单位、市教育局、各级各类学校、行业协会、企业等45个单位参与了征求意见工作，共收集到130条意见。三是验证专家具有整体性。验证阶段通过专家经验对广东资历框架相关技术要求进行判断，来自普通教育、职业教育、继续教育、中小学，以及汽车、水电、物流、机械、标准等行业共93位专家参与了验证，涵盖了各教育类型和典型行业。

四、与国家职业标准的比对与协调

解决育人标准与用人标准不对接、教育市场与劳动力市场脱节问题是广东资历框架价值取向之一。国家职业资格证书是指按照国家职业标准，对劳动者的技能水平和从业资格进行评价和认定的证明。为达成教育市场与人力资源市场成效标准的一致性，广东资历框架等级标准与职业资格证书标准逐级进行比对和协调并达成一致性的成效标准是非常关键的。表3-5是国家职业资格证书等级结构及标准（五级至一级）① 与广东资历框架等级标准（2级至6级）② 的对比，从该表中可以看到，经过比对和协调，国家职业资格证书五级、四级、三级、二级、一级分别对应广东资历框架2级、3级、4级、5级、6级。

表3-5　国家职业资格证书标准与广东终身教育资历框架等级标准

等级	国家职业资格证书标准	广东资历框架资历等级	广东终身教育资历框架等级标准
国家职业资格五级	能够运用基本技能独立完成本职业的常规工作	2级	掌握工作或学习所需要的基础知识；具有应用相关信息和简单工具，完成常规任务的基本技能；能够在他人的指导下在一定程度上自主地完成学习或工作任务

---

① 国家职业标准与职业技能鉴定简介·国家职业技能鉴定所 ［EB/OL］. ［2024-06-29］. https://wenku. baidu. com/view/17aca647af02de80d4d8d15abe23482fb4d a02ac. html?_wkts_=1679883294390.

② 广东省质量技术监督局. 广东终身教育资历框架等级标准：DB44/T 1988—2017 ［S］. 广州：广东省质量技术监督局，2017.

续上表

等级	国家职业资格证书标准	广东资历框架资历等级	广东终身教育资历框架等级标准
国家职业资格四级	能够熟练运用基本技能独立完成本职业的常规工作；在特定情况下，能够运用专门技能完成较为复杂的工作；能够与他人进行合作	3级	掌握某个工作或学习领域所需要的事实性和理论性知识；具有在某个工作或学习领域中，选择和应用相应的信息、工具和方法，解决具体问题和完成相应任务所需要的技能；能够在变化且可预测的环境中，基于工作或学习的指引进行自我管理，监督他人的常规工作，承担评价和改进工作或学习的有限职责
国家职业资格三级	能够熟练运用基本技能和专门技能完成较为复杂的工作；能够完成部分非常规性工作；能够独立处理工作中出现的问题；能指导他人进行工作或协助培训一般操作人员	4级	掌握某个工作或学习领域所需要的综合、专业、理论的知识，并了解知识应用的范围；具有创新性地解决抽象问题的综合的认知和实践技能；能够在不可预测的工作或学习环境中，履行管理和指导的职责，评估和改进自己和他人工作或学习的表现
国家职业资格二级（技师）	能够熟练运用基本技能和专门技能完成较为复杂的、非常规性的工作；掌握本职业的关键操作技能技术，能够独立处理和解决技术或工艺问题；在操作技能技术方面有创新；能组织指导他人进行工作；能培训一般操作人员；具有一定的管理能力	5级	掌握某个工作或学习领域所需要的高层次知识，对理论和原理进行批判性理解；具有在某个专业的工作或学习领域中，创新性地解决复杂和不可预测问题的高级技能；能够在不可预测的工作或学习环境中，管理复杂的技术或专业项目，承担管理个人和团队专业发展及做出决策的职责

续上表

等级	国家职业资格证书标准	广东资历框架资历等级	广东终身教育资历框架等级标准
国家职业资格一级(高级技师)	能够熟练运用基本技能和特殊技能在本职业的各个领域内完成复杂的、非常规性的工作；熟练掌握本职业的关键操作技能技术；能够独立处理和解决高难度的技术或工艺问题；在技术攻关、工艺革新和技术改革方面有创新；能组织开展技术改造、技术革新和进行专业技术培训；有管理能力	6级	掌握某个工作或学习领域以及交叉领域最先进的前沿知识；具有在研究和（或）创新中，为发展新知识、新工艺以及整合不同领域知识所需的专业化解决问题的技能；能够应对和改变复杂、不可预测、需要新策略方法的工作或学习环境，承担促进专业知识与实践发展和（或）评估团队战略绩效的职责

※ 第四节　广东资历框架的实践

广东资历框架的实践主要包括资历框架的运行机制、符合国情的标准化路线、资历级别和等级标准、质量保障及评审机制、一体化运作系统、行业能力标准、岗位资历认可机制以及实现学分认定、积累和转换。

一、建立较为完善的运行机制

实施资历框架需要政府、各级各类教育和培训机构、专业机构、行业（企业）等的通力合作，需要政府设立专门机构对资历框架进行管理和统筹，部分国家（地区）由政府教育主管部门承担资历框架统筹职能，也有一部分国家（地区）由政府委托专门机构负责，一般称为"资历当局"或者"资历主管部门"。① 学分银行管理中心是广东资历框架的运营和管理机构,它由广东省教育厅成立,具体负责学分银行管理委员会办公室和专家委员会办公室的日常运行和管理工作,负责资历框架的运行管理等相关工作。学分银行管理中心遵循政府主导、省教育厅主办和管理、学分银行管理委员会决策、学分银行专家委员会提供咨询、省财政安排专项经费以及政校企行多元主体协同推进的运行机制,高效地推进了资历框架的实施。

二、确立符合国情的标准化建设路线

资历框架的表达方式一般有法律、标准和文件三大类,国际上的通行做法是立法保证,如新西兰、澳大利亚等国家,以及中国香港地区均通过法例赋予资历框架法定地位。资历框架是一项创新性的制度设计,涉及众多利益相关方,是一项巨大、复杂的系统工程,需要各方认同并共同遵守方可有序运行。法律、标准和文件都是提高社会治理水平的有效手段,法律具有强制性,效力高,但难度大、耗时长。文件易于实现,但效力有限。标准的效力介于法律和文件之间,标准是通过标准化活动,按照规定的程序经协商一致制定,为各种活动或其结果提供规则、指南或特性,可共同使用和重复使用的文件②,是国家治理方式的改革方向,对加快教育现代化、建设教育强国、办好人民满意的教育起到支撑和引领作用。综上,标准是协商一致的结果,易于共同遵守,符合实际,广东资历框架及其标准体系采用了标准化的建设路线,丰富了中国特色的资历框架理论、建设思路和实践模式。如广东资历框架突破立法难的发展瓶颈,采用了地方标准发布形式;行业能力标准立足充分激发各市场主体的活力,采取团体标准的发布形式;学分认定和转换致力提升教育教学质量,选择了规范性文件的发布形式。

三、建设与国际接轨的资历级别和等级标准

根据欧洲职业培训发展中心的观点:"通过资历框架形成可比较的资历级别及各级各类教育统一评价标准,从而保证教育的质量,实现终身学习和

---

① 张伟远,段承贵. 终身学习立交桥建构的国际发展和比较分析 [J]. 中国远程教育,2013 (9):9-15.

② 全国标准化原理与方法标准化技术委员会. 标准化工作指南 第一部分:标准化和相关活动的通用术语:GB/T 20000.1—2014 [S]. 北京:中国标准出版社,2014.

学分认定、积累和转换。"由此可见，资历级别和等级标准是实现各级各类教育纵向衔接和横向沟通的重要参照。广东资历框架建设对标对表先进标准，吸收和借鉴了中国香港地区及欧盟、新西兰、澳大利亚等国家（地区）资历框架建设的国际经验，资历级别采用了香港资历框架的划分方法，等级标准采用了欧盟资历框架等级描述的描述维度，具有国际上通行的资历框架功能及特点。广东资历框架资历级别分成 7 级，1 级是最低的小学资历，7 级是最高的相当于博士的资历，资历级别为各级各类教育互通提供了一个工具。广东资历框架等级标准从知识、技能、能力三个维度进行了描述，确立了每一个级别的统一标准。

表 3-6 是部分国家和地区建立的资历框架中的资历级别和等级标准。总的来说，表中等级标准的描述维度涵盖了知识、技能、能力。欧洲资历框架资历级别共 8 级，8 个资历级别并不是具体、特定的资历，而是各类级别的知识、技能、能力的具体参照指标和预期学习成效，与劳动力市场对教育和培训的人才要求具有一致性。广东终身教育资历框架资历等级与香港资历框架等级是一致的，广东资历框架资历等级比欧盟资历框架等级少一个级别，这是因为欧盟资历框架把大专层面的级别又细分为第 4 级和第 5 级两个等级，而我国大专/高职层面是不需要细分的，即大专/高职对应广东资历框架资历等级中的第 4 级。

表 3-6　部分国家和地区建立的资历框架中的资历级别和等级标准

名称	资历级别	资历类型	等级标准描述维度
广东终身教育资历框架（GDQF）	7 级	●普通教育 ●职业教育 ●培训及业绩	●知识 ●技能 ●能力
中国香港地区资历架构（HKQF）	7 级	●普通教育 ●继续教育 ●职业教育及培训	●知识和智力技能 ●过程 ●应用能力、自主性和问责性 ●沟通能力、运用信息科技及运算能力

续上表

名称	资历级别	资历类型	等级标准描述维度
欧盟资历框架（EQF）	8级	• 普通教育 • 继续教育 • 职业教育及培训	• 知识 • 技能 • 能力
新西兰资格框架（NZQF）	10级	• 学校教育和高等教育 • 职业教育和培训	• 知识 • 技能 • 知识和技能应用
澳大利亚资格框架（AQF）	10级	• 学校教育和高等教育 • 职业教育和培训	• 知识 • 技能 • 知识和技能应用
英国资格与学分框架（QCF）	9级	• 学校教育和高等教育 • 职业教育	• 认识和理解 • 应用和实践 • 自主性和问责性

四、研制内外结合的质量保障机制

在我国，由于学历教育是有质量保障机制的，资历框架建设中应更多关注非正规教育和非正式学习的学习成果的外部质量评审，这就需要从政府层面建立专门质量评审机构，负责非正规教育和非正式学习成果的标准制定、监督认证过程，保证认证的对等和公平，学习成果才能得到政府、教育培训机构、行业企业以及全社会的认可。

广东资历框架的外部质量评审由广东资历服务评审中心负责，广东资历服务评审中心同时也是资历名册管理当局。外部质量评审采用机构评审、成果评审、课程评审的混合评审模式，定期对各类资历开展质量保障评审，并对质量问题投诉进行监督评审。资历框架建设虽然更多关注外部质量评审，但外部质量评审不能取代教育培训机构的内部质量保障机制，内外质量保障制度要相辅相成。教育培训机构要建立并不断完善内部质量保障机制，不断提升自我评价和自我监察能力，增强其内部质量保障能力，确保基于资历框架的资历达到统一的质量要求。

五、研发成效为本的行业能力标准

资历框架是宏观的纲领性的制度架构，资历框架的实施依赖其下层的标准体系，行业能力标准是标准体系的重要组成部分，也是学分银行建设的重要内容。以资历框架为内涵而研发的《汽车业（后市场）能力标准》《机械制造业能力标准》《物流业（冷链）能力标准》《工业自动化系统能力标准》等团体标准将成为推动产教深度融合，人才培养和岗位需求精准对接的重要抓手，为学习者、从业人员、教育培训机构、用人单位提供成效为本的统一能力标准，推动教育培训机构教育教学改革和用人单位人才培训、考核、评价、录用的标准化。成效为本是能力标准的理论基础。一个教育系统的质量至少可从输入、过程、输出三个视角来评判，输入视角关注投入，过程视角关注过程，输出视角则关注结果。成效为本的理论强调以学生为中心，以能力为本位，以学习成果为证据，高度关注输出，关注学习目标具体清晰、可测可评。成效为本理论近年来在澳大利亚、新西兰等国家，以及中国香港地区实施并取得了良好效果，现广泛应用于资历框架建设、能力为本课程建设、能力标准研发等相关领域。

六、制订权威规范的认定和转换制度

建立学分认定、积累和转换制度是实施资历框架的重要任务，是不同教育类型的学习成果认定和转换的主要依据，具体是指建立学历教育之间、学历教育与非学历教育、非正式学习之间的转换通道。基于广东资历框架建立的学分认定、积累和转换制度，《实施意见》［即《广东省教育厅关于高等教育学分认定和转换工作实验意见（试行）》］定位为规范性文件，《实施意见》提出开展学习成果认定和转换的具体办法，包括学历教育、高等教育自学考试课程、在线课程、国家职业资格证书、职业技能证书、培训证书、职业经历等的认定意见或标准。

《实施意见》采取以下措施确保学分认定和转换工作的法治化、规范性和权威性。第一，因《实施意见》属于"公民、法人或者其他组织具有普遍约束力的，可以反复适用的文件"规范性文件范畴，由广东省人民政府以规范性文件形式发布。第二，因《实施意见》"涉及重大公共利益、与人民群众切身利益密切相关的，应当在门户网站或者通过其他媒体向社会公开文件草案征求意见"①，面向专家、面向高校、面向社会多维度公开征求并吸纳利益相关方的意见。第三，坚持学术的严谨性，根据《教育部关于推进高等教育学分认定和转换工作的意见》，学分认定和转换应坚持以高等学校为主体，如在线学习课程、专业核心课程等可否申请认定和转换问题由院校决定，但不能削弱学术的严谨性和完整性。第四，学分认定和转换坚持以学习者为中心、让学习者受益。

七、创建智能融合的一体化运作系统

实施资历框架涉及庞大的信息流、数据流和业务流，除了需要相关的运行机制、政策法规、标准体系、制度体系的支持外，还需要一个功能强大、技术先进、跨界融合、设计领先、服务优质的线上线下结合的一体化系统的支撑。在教育数字化的背景下，广东资历框架下的一体化运作系统应需而建，它包括融合了知识学业、技能培训、岗位能力等各级各类资历的资历名册应用系统，涵盖人的一生的学习经历和工作经历的终身学习电子档案，技术先进、功能强大、服务优质的信息管理平台，设计领先、理念前沿、兼顾各类群体终身学习需求的实体中心，遍布全省城乡、延伸到村居社区的终身教育网络等，为全体社会成员、各级各类机构提供个性化、一站式、智能化的精准服务，如体验学分银行、获取学习成果认证、终身学习档案建设、人才推荐、资历画像、学分地图、就业指引和职业规划等服务，可沉浸式互动感受学分银行不断提升的服务能力和终身学习的魅力。

❖ 第五节 广东资历框架的发展

资历框架的发展是一项持续推进的系统性工程，需要政府、行业企业和教育培训机构以资历框架等级标准为准绳，各司其责、各发其力，使资历框架成为推动教育高质量发展的引擎，成为学习型社会建设的杠杆。特别是新《职业教育法》以法律形式提出"建设技能型社会"的愿景，明确高技能人才资源的重要性，在技能人才特别是高技能人才已成为中国式现代化建设的

---

① 广东省教育厅. 广东省教育厅规范性文件办理规定［Z］. 2020 – 05 – 06.

刚性需求后，广东资历框架更应当面向人人、面向终身、面向未来、面向中国式现代化进行规划和发展，构建面向人人、惠及人人、适合人人的终身教育体系，更高质量服务全民终身学习。基于新时代新战略新要求，广东学分银行持续探索，反复实践，不断完善，在学分认定和转换、资历名册、行业能力标准、岗位资历认可机制、资历框架对接等方面进行了先行先试，在服务全民终身学习、新时代教育评价改革、粤港澳教育共同体建设、学习型社会制度体系建设等方面得到了全面的发展。

一、高标准支撑学习型社会建设

坚持以人民为中心的发展理念，运用新技术、新理念、新方法，根据党的二十大"统筹职业教育、高等教育、继续教育协同创新，推进职普融通、产教融合、科教融汇，优化职业教育类型定位"，党的十九届四中全会提出要"发挥网络教育和人工智能优势，创新教育和学习方式，加快发展面向每个人、适合每个人、更加开放灵活的教育体系，建设学习型社会"等国家发展战略部署，以及《中国教育现代化2035》"建立全民终身学习的制度环境，建立国家资历框架，建立跨部门跨行业的工作机制和专业化支持体系。建立健全国家学分银行制度和学习成果认证制度"的具体要求，广东学分银行率先构建数字时代三位一体的终身教育体系（见图3-4）支撑高标准学习型社会建设。三位一体的终身教育体系包括资历框架、学习成果认证和数字学分银行。其中资历框架是服务全民终身学习的全纳性制度，包括资历框架等级标准和行业能力标准；学习成果认证是服务全民终身学习的质量保障机制，是确保学习成果实质等效、公平对等的关键，包括成果认证、机构认证和课程认证；学分银行是为全民终身学习提供个性化、一站式、智能化精准服务的运作平台，包括资历名册应用系统、电子档案系统、学分认定和转换系统等，为全民提供个性化、一站式、智能化的精准服务，如资历画像、学分地图、就业指引和职业规划等。在数字技术的支撑和政策制度的保障下，三位一体的终身教育体系有力地提升了学分银行的服务能力和终身学习的魅力，全方位满足了学习者终身学习的需求。为办好让人民满意的数字化学分银行和广东省学习型社会建设奠定制度基础，为推动职业教育、普通教育和继续教育的协同创新和服务全民终身学习的学习型社会建设贡献广东方案。

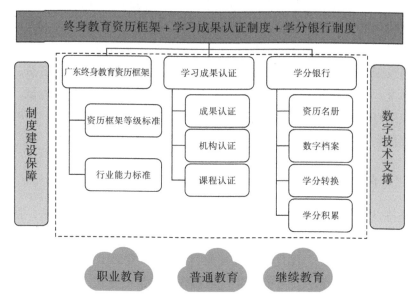

图3-4　数字时代三位一体的终身教育体系

二、高水平构建教育治理模式

"治理"意指在政府与市场之外，社会对公共事务的参与，强调政府分权与社会自治。通过资历框架构建的以法律、制度和文件为基本遵循，政府组织、社会组织、市场等多元主体协同治理的发展模式是社会治理进步的显著特征，该模式目前虽然仍处于"行政推动、政府主导"局面，但它聚焦服务国家发展战略，服务社会、行业企业和学习者多元发展，关注学习成果认证的质量、客观、公正和符合国际标准，倡导形成政府适度介入、市场驱动、社会组织主导的"小政府大社会"的资历框架实施的动力机制，随着全民终身学习的深入和资历框架的发展，市场和社会组织的自我调节能力将不断增强，社会组织在治理网络中将逐步处于主导地位，同一治理网络中多元主体协调合作、彼此依存、共担风险的动力机制必然形成，将高水平地推动教育治理体系和教育治理能力现代化。

三、高质量服务全民终身学习

资历框架制度具有终身性、全民性、灵活性、时代性等基本特点，终身性要求从纵向上覆盖人的一生的教育，横向上要整合各级各类教育资源；全民性要求覆盖所有社会成员，覆盖各个不同领域；灵活性、时代性要求构建相互衔接的多元化资历体系，为不同基础不同潜能的学习者最大限度地提供开发自身才能的机会，让人人都可以在时代中找到多个出入口的成才和成长途径。资历框架高质量服务全民终身学习包括以下两点：

一是为全民终身学习提供有质量保障的教育。广东终身教育资历名册以"营造人人努力成才、人人皆可成才、人人尽展其才的良好社会氛围"，助力发展面向每个人、适合每个人、更加开放灵活的教育体系为建设目标，它由有质量保障的多元化资历构成，详尽地罗列了资历的学习要求、能力要求、考核要求、适用范围、质量保障及资历所属机构的相关情况，为学习者提供清晰透明、灵活多样的终身学习通道①和人才成长阶梯，诠释了开放、全纳、终身、灵活的终身教育理念和公正、严谨的教育质量观。另外，用人单位可以根据资历名册中的资历及能力要求策划及管理人力资源，更有效地开展员工培训，有针对性地提升员工的能力和水平；教育培训机构可以利用资历名册去提高人才培养质量，去宣传推广其所提供的资历及课程。总而言之，资历名册聚焦服务终身学习，整合了资历框架下有质量保障的各级各类资历的资源和要求，让学习者、用人单位和教育培训机构感知资历框架下政策的红利及成长的便利。

二是通过数字技术为全民提供高质量的服务。广东学分银行创新应用场景，持续发展和开发服务功能，采用大数据、区块链、人工智能等技术构建国内首个以资历框架为内涵的线上线下一体化运作系统，致力为全体社会成员提供多样化、个性化、便捷化、数字化和智能化的服务。一体化运作系统包括资历名册应用系统、终身教育电子档案、信息管理平台、学分银行实体中心和终身教育服务网络。其中资历名册应用系统如前所述，是为全民终身学习提供有质量保障的教育的大平台。终身学习电子档案是为所有社会成员建立的个人学习账户，主要是贮存社会成员在终身学习活动中的档案。具体是指运用数字化技术手段记录社会成员在正规教育、非正规和非正式教育中的学习成果，从而为全民提供个性化、智能化和数字化的终身学习服务奠定基础。信息管理平台运用大数据、人工智能、数据治理等技术手段分析挖掘了海量数据背后隐藏的学习者的学习行为、学习特征、学习能力及成长规律，

---

① 香港特别行政区政府教育局. 资历名册用处［EB/OL］.［2024－06－29］. https://www. hkqr. gov. hk/HKQRPRD/web/hkqr－sc/about/Introduction/usesOfQR/.

通过资历画像、学分地图、学业提升、职业发展等服务让学习者全面掌握个人终身学习价值和魅力，为其持续终身学习、职业发展、升学就业等提供方向与动力，切实增强学习者的职业发展力、学历提升力、社会上升力，更公平、更多元、更个性化地服务学习者的成长成才和尽展其才。学分银行实体中心融合先进的技术手段和时尚的创意设计，为所有社会成员提供沉浸式和体验式服务，旨在增强参观者的代入感、获得感和终身学习的冲动感。实体中心专设自助 ATM 机服务老年及残疾人群体。全省设立的 128 个学分银行服务点直通村居社区，为所在区域社会成员提供终身学习的规划和服务。

四、多维度助推人才评价改革

国外关于人才评价的改革主要围绕三个维度展开：一是认知能力、人格特质、战略思考及情商、行为动机等潜质；二是适应性、学习能力和职业理想；三是相关的专业知识及职业必备技能。常用的评价方法是绩效考核，其中产出结果是一个重要的考核指标[1]，从中看出国外人才评价比较关注的问题是能力、绩效、产出。我国经过长期探索、改革和实践，已逐步形成与国际接轨并具有中国特色的人才评价制度，并逐渐步入科学化、社会化、多元化的发展轨道。人才评价内容聚焦"破五唯"。近年来出台《关于深化人才发展体制机制改革的意见》《关于分类推进人才评价机制改革的指导意见》《关于改革完善技能人才评价制度的意见》《深化新时代教育评价改革总体方案》等文件，提出要更好发挥人才评价"指挥棒"作用，强调加快建设以品德、业绩和能力为核心的人才评价机制。全国职业大会提出建设技能型社会的理念和战略后，建立健全以职业资格评价、职业技能等级认定和职业能力考核等为主要内容的技能人才评价制度[2]成为探索和研究的热点并取得了积极进展，但技能人才评价方法仍需探索和改进。

广东学分银行对如何利用资历框架推动人才评价改革进行了多维度的探索和实践。一是推进以资历等级为评价依据的人才评价改革。资历名册中存在知识学业、技能培训、岗位能力等多元化资历，它以质量要求和等级标准为参照匹配资历等级。资历名册中，普通教育、职业教育和继续教育处于同等重要地位，皆以资历等级作为评价依据。它具有质量性、成效性、清晰性、

---

① 刘颖. 构建多元化创新科技人才评价体系 [J]. 中国行政管理，2019 (5)：90 - 95.

② 人力资源社会保障部关于改革完善技能人才评价制度的意见 [Z]. 2019 - 08 - 19.

具体性与灵活性等特点，在国家相关政策的推动下，各行各业将逐步形成以资历等级作为学业提升、职业晋升和社会上升的有利于技术技能人才成长的制度环境和评价方法，让各类人才在资历名册中都可以找到自己的位置和最合适的成长途径，推动人才评价从单一知识向知识、技能、能力综合评价转变，助推以能力和业绩为导向的人才评价改革，助力破除"唯学历"导向，为建立科学合理的教育评价生态提供导向和抓手。二是推行岗位资历认可机制推动人才评价改革。新《职业教育法》提出实行学历证书及其他学业证书、培训证书、职业资格证书和职业技能等级证书制度，同时明确"持证从业"[1]，学业证书、培训证书、职业资格证书和职业技能等级证书，按照国家有关规定，作为受教育者从业的凭证。2022年出台的《关于加强新时代高技能人才队伍建设的意见》也明确提出全面实施"技能中国行动"，健全技能人才培养、使用、评价、激励制度。打通劳动制度与教育制度、职业教育与普通教育、职业技能证书与学历证书之间的壁垒，推动学业证书、培训证书、职业资格证书、职业技能等级证书与学历证书等值等效是真正实现职业教育与普通教育具有同等重要地位的有效途径，是实施以职业能力为导向、强化技术技能贡献、淡化学历要求、突出工作业绩的新时代人才评价改革的必然之举。岗位资历以行业能力标准为基础，以劳动力市场需求为导向，以能力为核心，认可从业人员在岗位积累知识、技能、能力，真正实现"持证从业"，真正支持从业人员凭技能改变待遇和社会地位、获得学业提升和职业晋升的机会，助推新时代人才评价改革。三是建立学分认定和转换制度推动人才评价改革。基于资历框架，承认在线课程证书、职业资格证书、职业技能等级证书、培训证书、工作经历可认定和转换为学分，降低辍学率、减少重复学习、提高学习效率，有助于拓宽人才成长通道、促进教育培训机构之间的合作培养和学分互认[2]，在推动学习方式变革的同时推动了人才评价改革。

五、高起点促进粤港澳教育共同体建设

《粤港澳大湾区发展规划纲要》将"推动教育合作发展"作为关键举措，

---

[1]　邢晖.《职业教育法》修订的历程回顾与新法内涵基本点及其影响的分析 [J]. 中国职业技术教育，2022（24）：5-14.
[2]　香港特别行政区政府教育局. 香港资历架构学分累积与转移：政策及原则 [EB/OL].［2024-06-29］. https://www.hkqf.gov.hk/files/record/qf-cat-resources/1/CAT_PPOG_2024-1713236337.pdf.

提出"为人才跨地区、跨行业、跨体制流动提供便利条件",粤港澳地缘相近,人文相亲,经济相融,文化相同,发展相依,历史上本来就从属于统一的岭南经济文化单元①,粤港澳大湾区教育建设共同体(以下简称"粤港澳教育共同体")既是国家战略也是历史文化的传承,是推动大湾区教育事业和人力资源共同发展的先行策略。② 构建粤港澳教育共同体的实质是破除湾区内部阻碍教育资源自由流动的体制性障碍,促进区域内不同教育主体、资源等要素之间的顺畅流通。③广东资历框架的资历等级、资历学分、等级标准、质量保障等构成的标准体系是国际通用的,为湾区资历和学分互认、人才流动提供了标尺和参考,为构建粤港澳教育共同体提供了制度基础。通过粤港澳资历框架对接探索与实践有效地推动了粤港澳共同体建设:一是推动粤港澳有效利用各自优势资源,开放共享各自的学科、专业、证书、课程、项目或资历,实现了资历和学分互认,推动湾区人才有序流动。二是促进了粤港澳教育融合发展。港澳教育国际化程度较高,其以学习者为中心,以能力为导向,崇尚开放式学习,能给内地教育带来富有开创性的教学理念和教学方法,而广东的教育类型多,资源条件较好,发展势头好,学习成本较低,就业机会多,可以从深度和广度两方面拓展港澳教育资源和办学空间。三是打造了大湾区合作发展新典范。首先推动粤港澳教育主管部门签订《粤港资历框架合作意向书》《粤澳教育培训及人才交流合作意向书》,深化了粤港澳教育合作,粤港澳在建立大湾区各级各类教育与培训学分互认机制,成立资历框架合作专题工作小组,建立健全有效的合作沟通协调机制等方面达成共识。④ 其次利用香港在资历框架、能力标准、质量保障机制和资历框架对接等方面的优势领域共建共享大湾区质量保障机制、能力标准建设。最后是粤港澳建立了工作例会制度、培训工作坊制度,强化了港澳对内地资历框架文化和学分银行制度的认同,打造大湾区合作发展新典范,构建粤港澳合作新发展格局。

①③ 朱建成. 粤港澳高等教育共同体建设的探讨 [J]. 高教探索, 2009 (6): 77 - 80.

② 王志强,焦磊,郑静雯. 粤港澳大湾区高等教育共同体的蕴意、价值与生成 [J]. 高教探索, 2021 (1): 37 - 43.

④ 粤港澳三地共谋教育交流合作,探索构建粤港澳资历框架 [EB/OL]. [2024 - 06 - 29]. https://www.gd.gov.cn/gdywdt/zwzt/ygadwq/zdgz/content/post_2524738.html.

六、全方位开辟产教融合新赛道

新《职业教育法》提出，坚持产教融合、校企合作，坚持面向市场、促进就业，坚持面向实践、强化能力，坚持面向人人、因材施教。发展职业教育，大力推进产教融合，为经济社会发展提供人才和智力支撑是我国教育发展和改革的主旋律。

物流业（冷链）、工业自动化系统、汽车业（后市场）、机械制造等行业能力标准反映了行业需要的核心能力，为学习者、从业人员、教育培训机构、用人单位提供了统一能力标准，为开辟产教融合新赛道提供了主阵地。为实施行业能力标准，推动产教深度融合，赋能广大社会成员、行业企业和教育培训机构，广东学分银行对行业能力标准在用人和育人环节中的应用模式进行了全方位探索和实践。一是为学习者提供了认定和转换的标准。以能力单元或能力单元组合形式制定认定和转换标准，建立行业能力标准与学历教育课程学分之间的转换机制。二是让从业人员明晰工作岗位所需的能力要求。三是支撑技能型人才成长。四是为教育培训机构开发课程和调整教学策略提供依据。以资历框架为母标准，以岗位能力为基础，教育与培训机构、行业企业共同研制行业能力标准，使行业能力标准真实反映行业能力需求，为用人单位的内部培训及员工招聘提供参考，为教育培训机构调整人才培养目标、建设以能力为本的课程体系、有效解决人才培养与行业需求脱节问题提供了依据。五是构建灵活多样的人才成长阶梯，服务全民终身学习。

❀ 第六节　粤港资历框架的比较研究

一、粤港资历框架发展现状

2000 年，中国香港在《教育白皮书》中首次提出资历框架的概念，2000 年香港开始研制资历框架并于 2008 年正式推行。经过十几年的酝酿和发展，香港已经形成以"资历学分"为通用货币和以"资历等级"为评价基础的较为成熟的资历框架建设和运营模式，香港资历框架（注：香港称为资历架构，为了方便理解，本书统一使用资历框架术语）是一个自愿性参与的制度，涵盖所有界别的资历，包括学术教育、职业专才教育及持续教育。对香港经济社会的发展、人力资源的开发、培训市场的规范以及终身教育体系的构建等方面都发挥了重要作用①，有力提升了香港人力资源素质，推动了以能力为导向的多元化资历的人才评价发展模式。香港资历框架还积极加强与海外资历框架当局的合作，促进人员国际流动和国际资历互认，致力将香港打造成为亚洲的教育枢纽。截至 2022 年，中国香港地区分别与欧盟、苏格兰、爱尔兰和新西兰资历框架完成了对接，与广东省、泰国签署了合作意向书，总结形成了与国际对接的资历框架模式。

2017 年，广东资历框架由广东省质量技术监督局发布实施，标志着中国内地首个区域终身教育资历框架在广东正式建立。作为内地首个资历框架，广东资历框架在推动技能型社会和学习型社会建设，助力新时代教育评价改革，服务湾区建设和乡村振兴战略等方面进行了积极的探索和实践，形成了以资历框架为逻辑、以等级标准为基石、以质量保障为核心、以资历名册为中心的，政府主导、多元主体协同推进、特色鲜明的资历框架建设的广东模式，产生了广泛影响，成为广东学习型社会建设的重要制度，为国家资历框架建设提供了经验。②

二、粤港资历框架研究的价值

对粤港资历框架在立法和治理模式、资历等级和通用标准、行业能力标准、学分成果认证、技术支撑平台等内容进行剖析与比较，对粤港资历框架的差异性和同一性进行整体性研究，找寻其各自特点、特色、优势及不足。比较研究粤港资历框架具有以下三个方面的价值：一是促进粤港资历框架对接，实现大湾区资历和学习成果互认。粤港已实施资历框架并签署了资历框架合作意向书，为教育规则衔接奠定了坚实的基础，湾区应率先统一教育方面的规则实现教育一体化。比较研究粤港资历框架有助于明晰两地资历框架对接所存在的问题，特别是有助于广东资历框架按照国际对接的十项原则有

---

① 黄健，刘雅婷，江丽，等. 资历框架的设计与运行：香港的经验启示及建议 [J]. 开放教育研究，2017（6）：111 - 120.
② 李江，李雪婵，吴念香，等. 探索广东终身教育资历框架研制与实践 [N]. 中国教育报，2022 - 05 - 21（4）.

针对性地补齐短板，有助于了解粤港资历框架在统筹和运营机构、资历级别和通用指标、学习成效及学分标准、资历名册建设的政策及程序与符合国际标准的质量保障等五方面的差距。二是有利于实现香港资历框架与广东资历框架共同发展。香港资历框架"既汲取了西方国家资历框架和质量保障的养料，又兼具东方儒家思想在教育上的延续"①，广东资历框架既具有国际上终身教育资历框架的通用功能，又具有学分银行管理制度的创新特色与优势，粤港资历框架的比较与融合，有利于双方博采众长共同发展，有利于广东资历框架内涵建设和国际发展，有利于增加香港对内地资历框架文化和学分银行制度的认同，有利于香港资历框架拓展新空间。三是为国家资历框架建设提供重要参考和样板。建设国家资历框架是国家教育发展战略层面的要求，粤港资历框架比较的研究结果，融合了粤港资历框架建设的优势与特色，反映了资历框架发展的新方向，为建设具有中国特色、与国际接轨的国家资历框架提供了重要遵循。

三、粤港资历框架研究结果和分析

（一）粤港资历框架的立法和治理模式的分析

资历框架是社会治理进步的显著特征，它是政府组织、社会组织和市场共同参与社会治理的一种模式，它基于资历等级和通用标准将各级各类资历统一到一个框架，拓宽终身学习通道，为社会成员的学业提升、职业晋升和社会上升提供终身学习阶梯。②

1. 粤港资历框架实施的立法比较

香港资历框架立法工作先后持续了五年，立法先行的法治思维和法治方式是香港资历框架的治理亮点。2002 年 2 月，香港特别行政区政府教育局（以下简称"香港地区教育局"）委托罗兵咸永道会计师事务所对香港设立资历框架及质量保障机制进行了研究，同年 9 月罗兵咸永道会计师事务所提交《设立资历框架及其相关质量保障机制》报告。随后，香港地区教育局用了一年多的时间先后向立法会和公众咨询该报告，2007 年通过《香港学术及职

① 刘永权，张岩. 香港教育"立交桥"：资历架构的新进展——学分累积与转移（CAT）政策和原则分析 [J]. 现代远程教育研究，2015（1）：54 – 61.
② 杜怡萍. 粤港澳大湾区资历框架对接的价值蕴意及模型构建 [J]. 高教探索，2020（1）：39 – 42，47.

业资历评审条例》（第 592 章、第 1150 章）为教育局设立资历框架及其相关质量保障机制提供法律框架①，设立香港学术及职业资历评审局（以下简称"香港评审局"）作为第三方评审机构，负责资历框架下的质量保障工作，委任香港评审局为资历框架下的评审当局及资历名册当局。2017 年，广东资历框架以地方标准的形式推出，2018 年出台《广东省职业教育条例》，为设立学分银行制度和资历框架体系奠定法律基础，2019 年以省政府公报的形式发布高等教育学分认定和转换工作，之后陆续发布系列有关行业能力的团体标准。标准和制度赋予了广东资历框架一定的效力，职业教育领域具备了法律基础，但总体而言，广东资历框架建设的合法性需要深入研究和系统规划，要从立法层面确保资历框架、决策机构、咨询机构、运行及管理机构、评审机构等治理相关方的权利得到保证和规制，建设与应用更加规范。

2. 粤港资历框架的治理模式比较

香港资历框架在治理中坚持"有限政府"的底线②，重视发挥市场和社会组织的自我调节能力。香港资历框架治理主体包括资历框架秘书处、香港评审局、行业培训咨询委员会（以下简称"咨委会"）和评估机构等，重视政府机构内部、政府与教育培训机构、政府与行业企业的合作。图 3－5 显示，香港评审局具有独立的法定地位，各咨委会由香港地区教育局协助成立负责制订能力标准说明，咨委会成员包括行业主要雇主、雇员、专业团体及监管机构代表等。职业训练局是香港地区教育局委托的独立评估机构，负责各行业过往资历认可。资历框架秘书处负责资历框架的实施与推广，直接受香港地区教育局管辖。上述主体多元参与协同运行，在治理进程中以响应香港教育发展为己任，而香港特别行政区政府为支持或吸引不同持分者参与资历框架，设置了资历框架基金、持续进修基金支持资历框架的运行，资助计划包括培训机构、资历名册、过往资历认可、评估机构、建设能力为本课程等，其中过往资历认可的资助费用高达 100%。广东资历框架在治理中坚持学分银行管理制度下以政府组织为主多元主体协同推进的治理模式，它由省教育体制改革领导小组统筹领导和协调，广东省教育厅主办和管理，广东开放大学、广东省人力资源和社会保障厅等协同建设。广东省教育厅还设立决

① 香港特别行政区资历架构·法律框架 ［EB/OL］. ［2024－06－29］. https://www.hkqf. gov.hk/sc/about－hkqf.

② 黄崴，吴华溢. 香港教育资历架构体系运行机制的制度分析 ［J］. 华南师范大学学报（社会科学版），2018（3）：18－24.

策机构、咨询机构、管理与执行机构分别负责广东资历框架的决策、咨询、管理与运行，设立第三方质量保障机构负责资历评审和资历名册的管理。

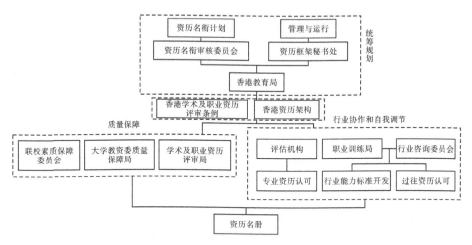

图 3-5 香港资历框架的治理模式①

香港资历框架统筹规划、立法先行、质量为本，政府组织适度适时介入，激励社会组织自我调节和自我创新的治理模式值得广东学习和借鉴；而广东以资历框架标准为引领，创新发展学分银行制度，政府组织全力介入，社会组织协调建设的治理模式符合实际并具有内地特色。粤港治理模式的不同，与制度环境、文化差异和资历框架的发展阶段有关，同时相对香港而言，广东资历框架是一项体量更大、范围更广、改革更为复杂的社会工程，资历框架在探索阶段需要政府的行政推动和政府组织的全力支持，基于学分银行制度下创新广东资历框架的法治水平，逐步发挥非政府组织的自我治理能力并最终形成"小政府大社会"的治理模式，是广东资历框架的努力方向和战略目标。

（二）粤港资历框架资历等级和通用标准的比较

资历框架的核心要素包括资历类型、资历等级和通用标准，香港资历框架是香港地区教育局 2008 年推出的一个 7 级资历级别制度，它是一个自愿性参与的制度，涵盖所有界别的资历，包括学术教育、职业专才教育及持续教育，并从知识及智能，过程，自主性及问责性，沟通、信息及通讯科技及运

---

① 黄健，刘雅婷，江丽，等. 资历框架的设计与运行：香港的经验启示及建议 [J]. 开放教育研究，2017 (6)：111-120.

算 4 个维度确立了各级别的客观标准。香港资历框架有四个重要部分，分别是资历级别、资历名衔、资历学分、学分累积及转移，资历级别反映学习内容的深浅程度，资历名衔反映资历学科范畴，资历学分显示取得有关资历所需的学习量，学分累积及转移促进学分认可及转移、减少重复学习，有效支援终身学习。广东资历框架在政府部门的统筹领导下，于 2017 年由广东省质量技术监督局以地方标准形式推出，其中资历类型分为普通教育、职业教育和培训及业绩三大类，资历等级分为 7 级，1 级最低，7 级最高，明确了资历类型、资历等级以及相互关系，并从知识、技能、能力三个维度描述了各等级的标准，为各级各类教育的沟通衔接提供了共同的参照。

粤港资历框架都是综合性 7 级的框架，具有国际上通行的资历框架功能及特点，资历类型涵盖学历教育及培训业绩，通用指标均指向广义上的知识、技能和能力。[①] 如表 3 - 7 所示，粤港资历框架最高级（7 级）都是博士，但香港资历框架最低级（1 级）为中三（即初三），而广东资历框架为了覆盖全体社会成员终身学习的需求和体现终身教育属性，将最低级（1 级）设为小学，这是粤港资历框架等级设置方面的不同。另外，粤港资历框架的描述维度也存在差异，广东资历框架的描述维度为知识、技能和能力三维度，香港资历框架的描述维度则为知识和智力技能、过程、应用能力、自主性和问责性、沟通能力、运用信息技术和运算能力四维度。

表 3 - 7　粤港资历框架等级和通用指标

名称	资历级别	资历类型	描述维度	1~7级资历
广东终身教育资历框架（GDQF）	7级	●普通教育 ●职业教育 ●培训及业绩	●知识 ●技能 ●能力	小学、初中、高中、专科、学士、硕士、博士
中国香港地区资历架构（HKQF）	7级	●普通教育 ●继续教育 ●职业教育及培训	●知识和智力技能 ●过程 ●应用能力、自主性和问责性 ●沟通能力、运用信息技术及运算能力	中三/证书、中五/证书、中七/文凭/中学文凭、副学士/高级文凭、学士、硕士、博士

① 杜怡萍. 粤港澳大湾区资历框架对接的价值蕴意及模型构建 [J]. 高教探索，2020（1）：39 - 42，47.

（三）　粤港行业能力标准建设和应用的比较

行业能力标准是以行业需要的能力为核心，系统客观反映工作职能范畴下从业人员所需要的技能、知识及成效标准，以岗位招聘、过往资历、内部培训和开发能力为本课程的参照和基础。截至 2023 年，香港地区教育局已协助不同行业成立了 22 个行业培训咨询委员会（以下简称"咨委会"）负责组织制订《能力标准说明》、委任专业撰写人、向政府就发展行业的过往资历认可机制提供意见和建议等①，咨委会由各个行业的持分者包括杰出行业先驱及专业团体、工会和雇主、政府部门等代表组成，目前已发布了 23 个行业共 63 套《能力标准说明》，涵盖香港整体劳动人口 53% 以上。② 另外香港还制定了 4 套《通用（基础）能力说明》，列出资历框架级别 1～4 级的基础通用技能即英语、中文（包括粤语及普通话）、资讯科技及运算。③ 广东目前已成立 4 个由学会、协会、商会、联合会、产业技术联盟、教育培训机构及相关市场主体组成的行业能力标准起草工作小组，开发了汽车业、物流业（冷链）、机械制造业、自动化技术等 4 个行业能力标准并以团体标准形式发布，形成了与国际接轨、符合广东实际的标准化的研制模型和开发范式。

从行业能力标准开发的逻辑路径来看，粤港是一致的，都遵循确定主要职能范畴、分析核心能力、以能力单元来表达的技术路线。能力单元是一系列可描述、可量化、不可再分的最小单元，包括名称、应用范围、级别、学分、能力等内容。但粤港制度环境及行业生态存在差异，行业能力标准建设存在四个方面的不同：一是发布形式不同。广东以团体标准形式在全国团体标准信息管理平台发布，团体标准具有快速响应市场需求，迅速跟进新技术、新产品和新要求，机制灵活等特点，是广东激发市场主体活力的举措之一。香港采用咨委会审定、香港评审局调适的机制，一般在资历框架网站直接公开。二是工作机制不同。香港形成了行业咨委会审定、专业撰写人撰写、SCS（能力标准说明）编撰专责小组全程指导、焦点小组全程咨询、香港评

① 杨健明，陈东山. 终身教育的立交桥：香港资历架构的体系和实践 [J]. 北京广播电视大学学报，2013（3）：10－13.
② 彭炳鸿. 香港资历架构和学分互认的理念与运作 [J]. 终身教育研究，2017（4）：58－61.
③ 李雪婵，关燕桃，李怀俊. 基于资历框架的能力标准开发：粤港的经验 [J]. 中国职业技术教育，2020（6）：39－48.

审局调适、资历框架秘书处项目管理的环环相扣、高质高效的工作机制。广东由起草工作小组撰写、专家组审定、学分银行管理中心负责项目管理。三是开发流程不同。香港开发流程包括环境扫描、职能描述、职务及能力要求、制订能力标准说明、业界咨询及调适等 5 个阶段。广东开发流程符合标准化的要求,包括制订工作方案、开展行业调研、研制职能结构图、制订能力标准草案、征求意见、编制能力标准送审稿、编制能力标准报批稿、编制能力标准公告和推广应用及完善等阶段。四是应用机制不同。广东行业能力标准实施尚处于探索和试点阶段,而香港资历框架已形成资历框架秘书处、香港评审局、咨委会合理分工和良性互动,资历框架资金专项资助的应用机制。截至 2024 年 4 月,香港以《能力标准说明》为基准,已开发钟表业、美发业、印刷及出版业等能力为本或通用能力为本课程 583 门,职业阶梯课程 210 门,推动汽车、美容、物流、汽车等 18 个行业推行过往资历认可机制。另外,香港还开发了根据咨委会指定工作岗位的能力要求而设计的职业阶梯课程。综上,粤港行业能力标准各有优势与特色,香港能力标准说明的研发和应用已经非常成熟,广东具有标准化的特色,但工作机制和应用机制有待完善。

(四) 粤港学习成果认证模式的比较

学习成果认证是指将学习者通过各种学习方式获得的知识、技能、能力等,按照资历框架质量标准,经过评审给予认可的机制。本书的学习成果认证是指以学历教育为参照,对非正规和非正式的学习成果进行认证,包括质量保障机制、机构学习成果认证和个人学习成果认证。非正规和非正式学习成果认证对于提升个人自尊、激励终身学习、增强就业能力等具有重要价值,备受国内外关注和重视。[①]

1. 质量保障机制的比较

质量保障机制包括评审机构和评审制度。香港在质量保障机制方面走在国际前沿,经过多年的运行和完善,已实现高度国际化,其法治性、科学性、先进性和有效性获得国际高度认同,其相关政策、程序及工作模式经高等教

---

① 张伟远. 国家资历框架的理论基础和模式建构 [J]. 中国职业技术教育,2019 (18): 28 – 35.

育质量保障国际网络（INQAAHE）评估达到国际水平。[①] 一有法定的第三方评审机构。二有严格评审标准和评审流程，香港采用四阶段质量保障程序，分别为初步评估、课程评审、学科范围评审及机构定期复审；评审标准及准则是参照资历框架成效为本的资历级别通用指标，列明了学习成果认证的最低要求。三有严谨的内外部相结合的质量保障制度。香港资历框架一直强调教育和培训机构需要建立并不断完善内部质量保障机制，外部质量评审不能取代营办者的内部质量保障机制，内外质量保障制度要相辅相成。广东资历框架下的质量保障制度，其评审标准、评审流程、四阶段质量保障程序在参考借鉴香港先进经验的基础上，进行了本土化改造，同时具有与国际接轨的先进性，但内地在设立政府认可的法定的第三方评审机构负责质量保障工作方面目前存在一定困难，目前解决方法是在启动阶段以行政形式赋权给省内相关专业机构、研究机构或院校，在取得成效或各方面条件成熟后再提请成立。

2. 机构学习成果认证的比较

根据《学术及职业资历评审条例》（第 592 章），香港评审局负责除了香港城市大学、香港浸会大学、岭南大学、香港中文大学、香港教育大学、香港都会大学、香港理工大学、香港科技大学及香港大学等 9 所院校以外的教育培训机构所开办的学术及职业专才课程的评审。香港评审局根据四阶段质量保障程序对营办者及其课程进行评审，旨在通过不同阶段的评估，培养和确认营办者的基本能力及持续优化效力。广东做法与香港类似，除学校开办的学历类学习成果外，教育培训机构所开办的非学历类证书、企业（培训）认证证书、职业技能等级证书等由第三方质量保障机构分类评审。

3. 个人学习成果认证比较

个人通过非正规教育和非正式学习获得的学习成果可以转换为学分或资历，减少重复学习，实现各级各类学习成果的沟通和衔接，拓宽人才成长通道。

（1）学分认定和转换。

粤港两地先后出台学分认定和转换相关制度，推动资历框架进入操作层面。香港参考国际经验和香港教育培训机构的现行机制，于 2014 年 7 月颁布

---

① 香港特别行政区政府. 资历架构网 [EB/OL]. [2024 – 06 – 29]. https://www.hkcaavq. edu.hk/en/about_hkcaavq/welcome_message/.

《香港资历框架学分累积与转移：政策及原则》，文件阐明通过非正规及非正式学习而获得的学分与通过其他评估方式获得的学分具有同等法律效力；强调学分累积与转换制度的学术完整性、合理性、灵活性和依据性；强调学分转换制度及程序必须基于严谨的内外质量保障机制，学分转移安排和互认协议应由相关质量保障当局审核，培训机构要对比和关注学分转移后学习者的学习质量，要连同质量保障机构定期开展全面评估等。① 广东2019年发布《实施意见》，文件强调以学习者为中心、以高等学校为主体、实质等效、规范有序等原则，明确了学历教育课程、在线课程、国家职业资格证书、培训证书、创新创业、科学研究、社会服务、竞赛奖励等认定和转换的标准与方法。

从制度本身而言，粤港学分认定和转换制度在质量保障、实施范围、实施模式等方面存在差异。一是质量保障要求不同。香港学分累积和转移制度及程序均要经过香港评审局的外部评审，内部也要建立定期检讨和评估的机制，广东学分认定和转换主要以院校内部质量控制为主。二是实施范围不同，香港目前共有2082个资历（1~7级）建立了学分累积和转移制度，占资历名册资历总数的22.4%。广东在专科、本科2个学历类资历推行学分认定和转换制度。三是实施模式不同。香港基于资历框架以学习成果为依据，以资历学分为通用货币开展学分累积和转移，广东学分认定和转换目前暂时没有实施资历学分制度。但从发展趋势来看，粤港学分认定和转换无论在目标、理念还是实施层面都是一致的，广东已启动修订学分认定和转换制度，正在建立学分认定和转换工作的质量保障机制和资历学分制度。

（2）过往（岗位）资历的认可机制。

以行业能力标准为基准，通过评估认可从业人员在岗位上积累的知识、技能和能力并颁发资历证书是粤港的共同做法，但广东更关注技术技能人才的品德、业绩和能力，强调淡化学历要求。另外粤港在过往资历评估范围方面略有不同，广东通过评估获得资历的资历等级范围为2~6级，最高为硕士。香港通过评估获得资历的资历等级为1~4级，最高为副学士/高职文凭（相当于内地专科/高职）。

（五）资历框架技术支撑平台的比较

粤港都建设了基于大数据分析和人工智能技术的信息管理平台支撑资历

① 香港特别行政区政府教育局. 香港资历架构学分累积与转移：政策及原则［EB/OL］.［2024-06-29］. https://www.hkqf.gov.hk/files/record/qf-cat-resources/1/CAT_PPOG_2024-1713236337.pdf.

框架的实施。香港信息系统基于香港资历框架，包括门户网站、质量管理系统（QMS），其中质量管理系统又包括电子服务平台（e-Portal）、学历评估服务平台（i-Portal）、评审管理系统三大部分。香港信息管理平台主要功能包括：一是支撑资历名册（HKQR）、学分累积和转移中央数据库（CAT）的建设与运用；二是支撑香港评审局的线上质量保障工作，如职业课程评审和个人学历评估等；三是建构质量文化，以客观和系统化的数据作为决策的依据，提升内部知识管理及提高工作效率（见图 3 – 6）。

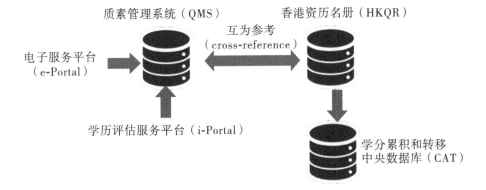

图 3 – 6　香港技术支撑平台

　　广东信息管理平台基于资历框架和学分银行制度，以营造"人人努力成才、人人皆可成才、人人尽展其才"的终身学习氛围为建设目标，以实施终身学习策略、推动教育评价改革、畅通人才成长通道、凸显学习者的资历价值和社会价值为核心要素，构建基于数据融通的赋能新生态。它的功能主要包括：一是为各类群体赋能。为学习者、教育培训机构、质量保障机构、评估机构、用人单位、政府管理部门等提供学习成果认证、人才推荐或多元评价、优化人力资源配置等服务，赋能学习型社会建设。二是服务全民终身学习，支撑资历名册和终身学习档案库建设。三是基于数据融通生态下，研究并凸显数据背后的价值。图 3 – 7 是广东信息管理平台的业务功能图，从图中看到，学习者通过资历画像可全面掌握个人终身学习资历价值，获取职业发展建议，选择有质量保障的多样化的成长路径；用人单位可实施资历框架下多元化资历的人才评价，院校及培训机构可作为深化人才培养改革的重要参考，政府部门可作为优化人力资源配置的重要支撑等。

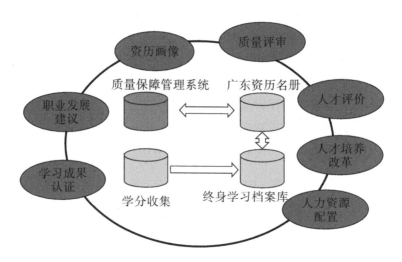

图 3 - 7　广东信息管理平台业务功能设计

综上，粤港信息管理平台在建设目标、功能定位方面存在比较大的不同，香港信息管理平台的核心是支撑线上质量评审和建构质量文化，广东信息管理平台是聚焦于为各类群体赋能和打造终身学习氛围。据悉，为了给香港市民提供获香港资历框架认可的资历的转换、储存、整合、发放和核证服务，进一步发展资历框架的应用和体现面向人人的终身教育时代特色，香港已启动香港数码资历平台建设。

四、粤港资历框架研究的结论

(一)　粤港资历框架的差异性

以粤港资历框架为例，对资历框架建设的关键问题进行了比较分析，粤港资历框架在动力机制、建设模式和发展阶段等方面存在差异。

1. 动力机制不同

粤港资历框架都强调以市场为主导，采用政府组织、院校、行业、企业和培训机构等多元主体协同治理和发展的模式。但香港资历框架倡导政府适度介入、市场驱动、社会组织主导的原则，高度关注学习成果认证的质量、客观、公正和符合国际标准，高度聚焦为知识为本的经济体系发展人力资源的诉求，以服务社会、行业企业和学习者多元发展为己任，故香港资历框架的社会和国际认可度非常高。相比较而言，广东资历框架的发展动力机制仍处于"行政推动、政府主导"局面，市场和社会组织多元主体积极参与的

"小政府大社会"的动力机制尚未形成。

2. 建设模式不同

广东采用"资历框架+学分银行制度+学习成果认证+一体化技术平台"的建设模式，香港采用"资历框架+学习成果认证"的建设模式。在广东建设模式中，学分银行制度和技术平台有力推动了资历框架的实施，学分银行制度是基于广东资历框架及等级标准，对各类学习成果进行认证、积累和转换的管理制度，技术平台是资历框架、学分银行、学习成果认证的技术支撑，支持资历名册、终身学习成果档案库和数据融通的综合性平台，为学习者、教育培训机构、质量保障机构、评估机构、用人单位、政府管理部门等不同群体提供一体化、个性化和智能化的终身学习服务。其中终身学习电子档案建设是技术平台的一个重要任务，它主要存储个人信息、学习经历、工作经历、学习成果及转换记录，记录学习者在不同教育培训机构、通过不同渠道获得的学习成果，目前广东终身学习成果档案库已建立终身学习账户139万个，存入学习成果1 460万份，海量的数据为分析学习成果背后的社会价值和职业发展规律奠定了坚实的基础。在香港建设模式中，没有学分银行制度，没有建设综合性技术平台，因而没有汇集和分析学习者终身学习档案的相关功能，技术平台仅限于为社会成员提供线上评审服务，相比较而言，广东建设模式中的学分银行制度和技术平台功能更强大，应用场景更丰富，更具有终身服务的鲜明特色，广东建设模式能为香港资历框架提供新的拓展途径。

3. 发展阶段不同

香港资历框架已经积累了15年的运营经验，广东资历框架自2017年发布实施至今有8年的时间。如果将资历框架发展分为酝酿期、尝试期、探索期及成熟期四个阶段[①]，香港资历框架已进入高质量发展的成熟期。香港资历框架建设统筹规划、立法先行、质量为本、多元主体交互存在并共生共长，成为保证香港教育终身化和香港社会学习化的重要教育制度，形成一套与国际互认的制度体系和成熟模式。截至2022年6月，香港资历名册中共有8 625个资历，涉及约270所资历营办机构。广东资历框架是内地第一个区域性的终身教育资历框架，填补了国内教育领域标准的空白，但从实施效果来

① 张伟远，段承贵. 建构终身学习立交桥的先驱：新西兰的经验和教训 [J]. 中国远程教育，2013 (23)：14-19.

看仍处于探索期，资历名册建设、资历学分制度、质量保障机制正在建设中，资历框架的法定地位、质量保障机构的法定职能将成为影响广东资历框架的运作与推广的关键问题。香港资历框架在系统性、法制性、国际性、认受性等方面取得的巨大成效可助力广东资历框架快速进入成熟期并实现国际发展，同时为建立国家资历框架提供重要参考。

综上，资历框架是实现大湾区教育一体化发展的重要制度，香港和广东先后实施了资历框架并发挥积极作用。香港资历框架经过十几年的酝酿和发展，已形成一套比较先进并符合国际标准的程序、政策和模式，但在一体化终身教育服务方面有欠缺。广东资历框架起步比较晚，在利用学分银行制度和技术平台凸显资历框架的价值和内涵方面取得了成效，亟须更大力度推进资历框架实施，亟须出台法律厘定资历框架法定地位和质量保障机构的法定职能。

（二） 粤港资历框架研究的启示

粤港毗邻相依的地理区位决定了两地在资历框架建设方面必然是密切关联、不可分割的。粤港两地都采用政府直接管制与间接调控相结合的方式，在制度建设、标准建设、质量保障机制和实施策略等方面存在相互耦合的现象，但鉴于两地在法律制度、经济发展程度特别是资历框架发展程度等方面的不同，粤港资历框架在动力机制、建设模式和发展阶段等方面存在差异，却又各具特色，可以相互借鉴共同发展，实现粤港资历框架的对接和大湾区教育一体化，并为国家构建终身教育资历框架提供参考。

从粤港资历框架的建设经验来看，构建终身教育资历框架包括六大任务：一是需要法律支撑，依法治理资历框架是国际惯例，也是本土需要，是确保资历框架的认受性、有效性、专业性和公信力的关键。二是要建立基于资历框架下的学分银行制度，学分银行制度对构建一体化、智能化和个性化终身服务体系，丰富终身教育场景，拓展资历框架应用价值具有非常重要的作用。三是要建立治理策略动态调整的机制。资历框架发展中涉及众多利益相关方，如政府部门、教育培训机构、行业企业等，在不同发展阶段治理策略有所不同，在资历框架的探索期，需要政府力量行政推动或干预，政府组织在治理网络中处于主导地位，在资历框架成熟期，需要依靠市场和社会组织的自我调节能力，使处于同一个治理网络中的多元主体协调合作、彼此依存、共担风险，此时社会组织在治理网络中处于主导地位。四是建立质量保障机制。质量保障机制是确保学习成果认证权威与公信力的关键，是资历框架良性运行和持续发展的前提。资历框架下的质量保障机制一般包括法定的第三方评审机构、等级标准（或通用指标）、内外结合的质量保障制度、成效为本的评价标准。五是以团体标准形式发布行业能力标准，激发市场活力，为建立过往资历认可机制、开发能力为本课程和服务全民终身学习奠定基础。六是建设一体化技术平台。技术平台是资历框架的理论内涵和核心价值技术化的表现形式，是丰富和提升终身教育体系的服务能力和社会价值的重要载体，资历框架下技术平台应基于连接思维和数据治理视角进行一体化、智能化和人性化的设计，打造面向人人、惠及人人、适合人人的公平有质量的终身教育体系，实现全民终身学习透明化、人才评价多元化、职业发展社会化、人才培养市场化和人力资源配置精准化。

第四章
广东学分银行的行业能力标准

❀ 第一节　行业能力标准的概念和作用

一、行业能力标准的概念

行业指按生产同类产品或具有相同工艺过程或提供同类劳动服务划分的经济活动类别，如汽车业、物流业、保险业等。政府与企业之间形成了行业协会，它是服务、咨询、协调的社会中介组织。

行业能力是更加综合的职业能力，是与具体行业相匹配的一系列知识、技能、能力等的综合表现。行业能力与职业或岗位密切相关，反映了特定职业情境的专业性与特殊性。[①] 国际上，行业能力标准通常表述为"specification of competency standards"，简称 SCS。行业能力标准作为一项规范，规定了行业从业人员有效履行不同工作职能所需的知识、技能和能力，用于判断在行业发展进程中完成主要任务所需的能力要求及成效标准。行业

---

① 胡方霞，谢青松，许玲. 行业能力标准建设新模式探索 [M]. 北京：国家开放大学出版社，2023.

能力标准可以为人才培养、职业培训提供以能力为导向的基准，也可以用于雇主和人力资源管理部门制订内部培训计划、工作规范、绩效评估标准和招聘标准等。

综上，基于资历框架的能力标准是一套以行业为基础的职业能力标准，简而言之，就是行业的能力要求，是行业发展所需能力的统一标准。具体来说，它就是在不同的岗位中完成主要任务所需的能力要求及成效标准，可测可评。行业能力标准由一系列的能力单元组成，一般包括认知、技能及应用等方面的能力。

二、行业能力标准的作用

（一）行业能力标准建设概述

建立行业能力标准已经成为全球各国推动资历框架具体实施应用的核心环节，关于建设行业能力标准的意义和作用，从国内外建设经验中可以得到启示。

1. 行业能力标准建设的国际经验

英国、新西兰、澳大利亚很早就建立了较为完善的资历框架，在资历框架的指引下，开展行业能力标准的建设工作。

英国是最早制定"基于能力"的职业教育与培训体系并制定综合行业能力标准的国家之一，其建设初衷是促进年轻人进入职场工作。新西兰行业能力标准是新西兰资历框架中的一个有机组成部分，政府高度重视，设立了专门的组织机构和管理机制。新西兰行业能力标准注重动态更新、迭代发展，一般5年就会进行修订，旨在紧跟行业的发展步伐，聚焦新技术、新产业、新业态和新模式，凸显时代性、前瞻性和科学性，助推职业教育改革，使学习者在工作和学习之间能够无缝对接，创建可应对技能、学习和工作的快速变化的职业教育体系。澳大利亚行业能力标准由11个行业技能委员会共同开发。澳大利亚行业能力标准主要由两大部分组成，即公共单元能力标准和专业单元能力标准。公共单元能力标准主要是指综合职业能力，专业单元能力标准涉及具体某个行业需要的专业知识、技能和能力。澳大利亚基于行业能力标准，以能力为基础开发了专门的培训包（training package），培训包由澳大利亚国家培训局（Australian National Training Authority，ANTA）出资招标、行业按标准化格式和程序开发，经国家认证后确定，包含能力标准、证书框架和评估指导①，培训包将课程开发与职业培训融合，避免了课程内容的重叠，而且使各职业资格的难度和差异得到了明确表达。在完全学分制的情况下，澳大利亚普通高中和技术与继续教育（Technical and Further Education，TAFE）学院、TAFE 学院和职业院校均可以学分转移的形式实现更为规范、灵活的课程体系衔接，并可以认可不同层次职业资历与相应普通教育文凭的等值关系，使其具有升学与就业的同等效力，推动了职业资历与文凭的等值衔接②，促进了澳大利亚人才的职业能力发展。

2. 行业能力标准的国内做法

在我国，香港、广东省是建立资历框架比较早的地区，基于资历框架，上述两地区也在行业能力标准方面进行了积极的探索和实践，香港在这方面的探索比较成熟。

目前香港地区教育局已协助不同行业成立了 22 个咨委会，建立了咨委会负责统筹审定，专业撰写人编写，专责小组全程指导、跟进和把关，焦点小组全程咨询，香港评审局调适，资历框架秘书处项目管理及支援的工作机制。咨委会利用其经验、专业知识和行业网络在各行各业推动资历框架，组织研制并发布了 23 个行业共 63 套《能力标准说明》。香港行业能力标准具体做法包括：第一，聘请来自香港职业训练局、香港生产力促进局、知名院校及专业团体的行业专家担任专业撰写人，身份中立，具有编制标准的能力和行业影响力；第二，成立专责小组跟进具体工作并审查专业撰写人提交的内容；第三，坚持全链条咨询。专业撰写人在每个阶段都会安排大量时间广泛拜访业内人士、征询业界意见，另外还成立若干焦点小组约见行业代表咨询和收集资料。香港行业代表还会通过他们的学会、工会、商会等专业网络协助做有关咨询工作。同时咨委会还会召开咨询简介会向业界解释其内容并广泛咨询业界意见，咨询时间由行业代表根据行业实际决定，一般持续三个月左右。香港资历框架秘书处总经理黎英伟认为，注重每一个环节的咨询是香港成功推行《能力标准说明》的关键，向公众征求意见的过程其实也是宣贯过程，它能确保能力标准开发完成后即获行业认可、公众认同，各行各业自主地达成实施和推广能力标准的共识。基于能力标准，香港开发能力为本课程、职

① 李国艳. 澳大利亚 TAFE 教育与行业的相互影响 [J]. 辽宁高职学报，2006（1）：158 – 160.

② 张海燕. 中高本贯通的职业教育立体化课程建设研究 [J]. 中国职业技术教育，2019（8）：42 – 46.

业阶梯课程，推动了职业教育课程的改革，解决职业培训与主流教育缺乏衔接、职业培训缺乏标准的问题。能力为本课程为学术、职业专才及继续教育的资历提供了客观的标准，确保学习者学习内容是岗位所需能力；职业阶梯课程根据指定工作岗位的能力要求从《能力标准说明》中选取能力单元而设计，使学习与工作接轨，学习要求与岗位所需能力相吻合。基于能力标准，香港还推行过往资历认可机制，认可从业人员在职场上所积累的工作经验和能力，从业人员可以通过评估途径取得资历框架认可的资历，提升他们在学习甚至工作上的成长机会，拓宽终身学习的成长通道，提升劳动人口的素质，大力鼓励终身学习。

目前广东协助 4 个行业研发了汽车业、物流业（冷链）、机械制造业、自动化技术行业能力标准并以团体标准形式发布，形成了与国际接轨、符合广东实际的标准化研制模型和开发范式。广东行业能力标准由省财政提供经费，广东学分银行管理中心组织招标，政校行企按标准化格式和程序联合开发，行业专家委员会审定，行业协会以团体标准形式发布。团体标准作为市场和行业主导制定标准的主要类别，有利于激发市场主体活力，有助于快速响应市场需求，推动了职业教育与劳动力市场进一步对接、教育体系与培训体系学习成果贯通。

（二）行业能力标准的作用

行业能力标准是实现各级各类教育之间的沟通和衔接、构建终身教育体系、建设学习型社会、实施广东资历框架的重要制度。研制行业能力标准，对搭建人才成长立交桥、拓宽终身学习通道、推动教育教学改革、提升人才培养质量具有重要意义。从不同国家（或地区）行业能力标准建设情况来看，虽然它们各具特点，但是它们呈现出的动力机制基本是一致的，就是希望通过建设行业能力标准，厘清教育供给与社会需求之间的逻辑关系，以行业需要的核心能力为纽带，指向个体的终身成长，指向行业发展的透明化、专业化、标准化和高质量，指向人力资源总体素质的提升和服务全民终身学习。具体包括以下五个方面。

1. 推动岗位能力透明化

行业能力标准客观系统地列出了不同职能范畴下每项职能所需具备的能力，包括行业知识、专业技能及成效标准。行业能力标准有助于提高业界能力要求的透明度，推动岗位能力透明化，从而为学习者提供认定和转换的标准，让从业人员明晰其工作岗位所需的能力要求，为教育培训机构开发课程和调整教学策略提供依据，为用人单位的内部培训及员工招聘提供参考。

2. 推动企业考核科学化

行业能力标准为企业管理者及从业人员描述了行业各主要职能范畴及职能所需要能力的客观标准。对于企业而言，人力资源部门可参考行业能力标准制定以能力为本的岗位要求，设置岗位聘任、绩效考核与管理标准，对员工的工作业绩和核心能力进行评估，为绩效奖金、薪酬调整、员工发展和职业规划、组织优化等提供客观依据，通过建立科学的以能力为导向的企业考核与招聘制度，推动行业的持续发展。

3. 推动职业培训标准化

行业能力标准描述不同的工作职能范畴或职能所需要的知识、技能及成效标准。社会培训评价组织，以及相关行业机构、培训机构开展职业培训时，可以用行业能力标准作为教育及培训的基准及参考资料，开发职业阶梯课程。企业可根据行业能力标准中的能力单元，制定培训课程、能力为本的岗位说明、员工绩效评估准则等。此外，从业人员可参考行业能力标准中的职业进阶路径规划职业发展。

4. 推动人才评价多元化

从业人员经过多年的企业工作，具备非常丰富的经验和较强的工作能力，通过行业能力标准认可从业人员的工作经验，支持从业人员凭技能提升社会地位是国际通行做法，也是破除"唯学历论"、建立新时代人才评价改革、缓解我国经济社会发展技能人才短缺的结构性矛盾的有效举措。能力标准由一系列能力单元组成，能力单元是完成任务所需具备的能力及素养的最小单元，可描述、可量化、不可再分，能力单元组合后可形成某个岗位或某个资历的能力要求，为认可从业人员工作经验提供评审依据。

5. 推动产教融合深度化

各级各类教育培训机构参照行业能力标准，从岗位出发，对不同级别的"能力单元"根据岗位需要的核心能力进行系统组合，制定最新、最贴合行业企业要求的人才培养标准，建设系列能力为本课程，保证人才培养与岗位要求的精准对接，从而提升人才培养质量和就业质量，推进产教深度融合，促进教育链、人才链与产业链有机衔接，畅通学业提升通道、职业晋升通道、社会上升通道。

✸ 第二节　广东行业能力标准的建设模式

广东行业能力标准（注：广东称行业资历等级标准，为方便理解，本书统一称行业能力标准）已形成了本土化、创新性的可推广可复制的建设模式（见图4-1），有效指导和规范了汽车业（后市场）、物流业（冷链）、机械制造业、自动化技术等行业能力标准的研制，广东行业能力标准的建设模式得到香港资历框架管理当局和相关行业高度认同。由图4-1可见，广东行业能力标准的建设具有政校企行合作共建、以资历框架为母标准、遵循规范化的研制模型、以岗位需要能力为核心、以团体标准为发布形式、采用标准化的技术路线等特点。

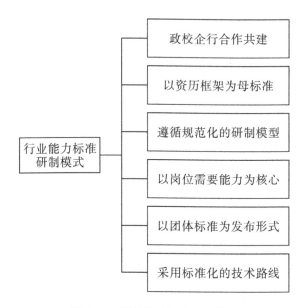

图4-1　行业能力标准研制模式

一、政校企行合作共建

在广东省教育厅统筹领导下，广东行业能力标准由相关行业企业（最好是头部企业）牵头，相关院校、标准化管理部门、研究机构联合共同研制，建立了涵盖决策、实施、管理和质量保障等方面的工作机制。第一，为确保行业能力标准编制的质量和效率，行业能力标准研制设立了层层把关、逐步推进、不断提高的评审机制，各开发阶段的核心成果需要经过行业专家委员会审阅、检视和确定后方可启动后续工作。行业专家委员会主要由粤港澳相关行业代表、标准化专家、相关专业教学指导委员会成员等组成，负责审定相关行业能力标准建设内容，检视和确定各开发阶段的核心成果，对行业能力标准征求意见稿、送审稿和报批稿的符合性、适用性、科学性和规范性进行技术审查，确保行业能力标准符合国家有关法律法规及强制性标准的要求，符合社会团体制定的标准制定程序和有关要求；确保行业能力标准适应标准化工作的需求和有效实施的各种条件、技术内容科学合理、编写符合《标准化工作导则　第1部分：标准的结构和编写》（GB/T 1.1—2009）等国家标准编写要求。第二，以联合体招标的形式确定行业能力标准起草小组负责行业能力标准的开发工作。行业能力标准起草小组成员要涵盖政府、行业企业、研究机构、各级院校（1~7级）、标准化领域、港澳（商会、协会、企业）等领域代表，确保行业能力标准能准确反映各利益群体的诉求，能充分吸纳各行各业不同的技术思想和意见，做到协商一致，最大限度地实现共同利益。第三，行业能力标准的调适工作由广东资历评审服务中心负责，以确保行业能力标准中的能力单元的资历级别及资历学分符合广东资历框架的要求。第四，行业能力标准发布后，推广和应用工作由广东学分银行协同行业企业共同推进。

二、资历框架为上位标准

资历框架为教育市场与劳动力市场提供基于知识、技能和能力等维度的横向衔接标准和基于1级到7级的纵向沟通标准，制定行业能力标准要基于广东资历框架的等级标准，既与现行相关（强制性和推荐性）国家标准、行业标准、地方标准相互协调一致，又与之相辅相成，形成完善的体系。

三、规范化的研制指南

2020年，广东学分银行制订了行业能力标准研制指南，对广东行业能力标准的研制原则、描述规范、研制模型、研制流程、职能结构图、能力单元进行了具体的规定。

行业能力标准研制涉及行业、职能范畴、职能、能力单元、能力要素等核心概念。图4-2是行业能力标准研制模型，由图可见，行业、职能范畴、职能、能力单元、能力要素是不断细分的过程。也就是说，研制行业能力标准首先要确定行业，行业发展的需要和受惠群体的广泛性是一个需要考量的重要因素，另外如果行业规模比较大，还要进一步确定行业能力标准的范围和边界（也即模型中的子行业/门类/领域），然后确定职能范畴（岗位群）和每个职能范畴（岗位）下的职能，最后分析职能下的任务和任务下的能力单元。能力单元是一个可描述、可量化、不可再分的最小单元，是完成任务所需具备的能力及素养，由若干能力要素组成。

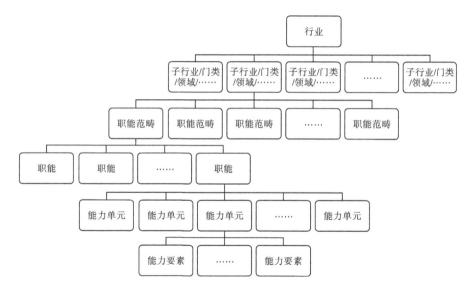

图4-2 行业能力标准研制模型

四、岗位能力为核心

行业能力是更加综合的职业能力，与岗位密切相关。岗位能力指引着教育改革与发展的方向，是推动院校和行业企业形成命运共同体、育人标准与用人标准对接的核心和基础。作为反映行业发展所需要的核心能力的行业能力标准必须聚焦岗位能力，并适度超前预测行业发展所需要的能力，为支撑教育教学改革，提升人才培养质量，推动教育与产业、行业协调发展奠定基础。

五、团体标准的技术路线

广东行业能力标准是以团体标准形式发布的。团体标准具有快速响应市场需求，迅速跟进新技术、新产品和新要求，制定机制灵活等特点，培育发展团体标准也是我国深化标准化工作改革部署的要求。国务院印发的《深化标准化工作改革方案》明确提出要培育发展团体标准，激发市场主体活力，完善标准供给结构，建立政府主导制定的标准与市场主导制定的标准协同发展、协调配套的新型标准体系。团体标准属于由市场主导制定的标准，对于激发市场主体活力具有重要作用，有助于提升行业竞争力，激发创新活力，并引领行业高质量发展。

根据《团体标准管理规定》，团体标准要遵守标准化工作的基本原理、方法和程序。团体标准的制定程序包括立项、起草、征求意见、技术审查、批准、编号、发布和复审。广东能力标准的研制程序在遵循团体标准研制程序基础上，参考借鉴香港能力标准研制的相关做法，结合实际，形成行业能力标准研制路线。如图 4-3 所示，行业能力标准标准化路线主要包括组建起草小组、行业调研、研制职能结构图、开发能力单元、行业能力标准三稿（征求意见稿、送审稿和报批稿）两审（初审、复审）、推广应用等 15 步研制路线。

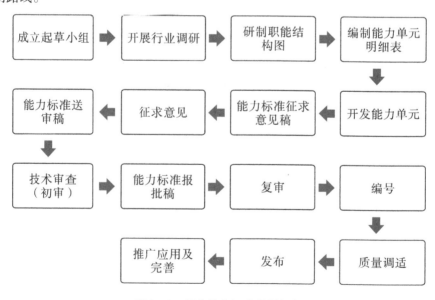

图 4-3　行业能力标准研制程序

根据行业能力标准研制的核心要素，15 步研制路线又可概括为 6 大核心阶段，如图 4-4 所示，行业专家委员会全链条负责行业能力标准的研制质量，为行业能力标准把舵定向。

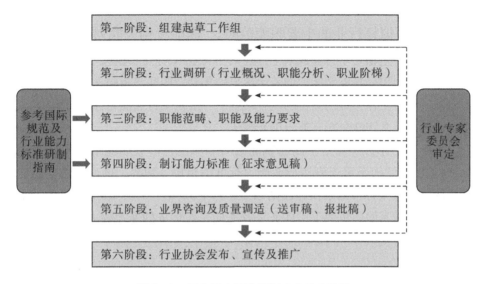

图 4-4 行业能力标准研制 6 大核心阶段

（一）组建起草工作组

本阶段的核心任务是组建能力标准起草工作组和制定工作方案。起草工作组成员要求由来自政府、行业、研究机构、企业、各级院校、标准化领域等相关市场主体的相关专家组成，同时要求团队负责人拥有不少于 6 年行业从业经验，确保行业能力标准可激发各市场主体的活力和促进行业发展；工作方案要对行业能力标准的研制工作进行总体设计和精心部署，包括明确研制目标、研制原则、研制内容、研制计划、项目团队及分工、经费预算等方面的内容。

（二）开展行业现状和需求调研

本阶段的核心任务是广泛开展现状和需求调研并撰写行业分析报告，行业分析报告要求从政治、经济、社会、科技（PEST）四个维度展开，描述整个行业的最新发展动态、未来趋势、人力需求等，并剖析行业现况及未来发展的人力教育培训需要，所以行业分析报告包括研制行业能力标准的目的和意义、调研方法、调研范围、行业现状和发展趋势、行业范围和边界、职业进阶路径图、核心岗位、行业能力和标准现状，就行业发展过程存在的突出问题而提出建议等内容。故行业分析报告是撰写行业能力标准的重要遵循，明确行业能力标准的范围和边界，分析行业核心岗位，撰写职业进阶路径图，为从业人员的职业发展提供发展方向和成长路径，从而吸引更多年轻人加入本行业建设。

（三）拟订行业的主要职能范畴、职能及相关能力

职能范畴是指某个行业或某个行业的子行业（门类或领域）中，具有相同或相近的知识、技能和能力的若干岗位的集合。职能是指同一职能范畴下，面向同一类型工作任务的岗位的组合统称。一般每个行业能力标准由 5~8 个核心职能范畴共 300 个左右能力单元组成。

本阶段要分析并确定主要的职能范畴和职能，形成职能结构图（见图 4-5）。职能结构图用于表达行业能力标准的范围、边界、内部结构，职能结构图要符合《标准体系构建原则和要求》（GB/T 13016—2018）要求。本阶段还要分析不同岗位的工作任务以及完成工作任务的能力要求，编制能力单元明细表（见表 4-1）。

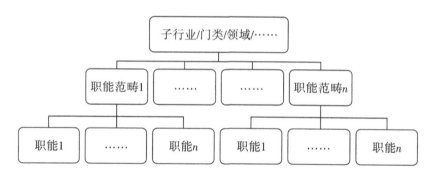

图 4-5　职能结构图

表 4-1　能力单元明细表

职能范畴	职能范畴 1				职能范畴 2				职能范畴 3				……
职能	职能 1	职能 2	……	职能 n	职能 1	职能 2	……	职能 n	职能 1	职能 2	……	职能 n	……
级别 1	能力单元 1 ……	能力单元 1 ……	……	能力单元 1 ……	能力单元 1 ……	能力单元 1 ……	……	能力单元 1 ……	能力单元 1 ……	能力单元 1 ……	……	能力单元 1 ……	

续上表

职能范畴	职能范畴1				职能范畴2				职能范畴3				……
级别2	能力单元1 ……	能力单元1 ……	……	能力单元1 ……	能力单元1 ……	能力单元1 ……	……	能力单元1 ……	能力单元1 ……	能力单元1 ……	……	能力单元1 ……	……
级别3	能力单元1 ……	能力单元1 ……	……	能力单元1 ……	能力单元1 ……	能力单元1 ……	……	能力单元1 ……	能力单元1 ……	能力单元1 ……	……	能力单元1 ……	……
级别4	能力单元1 ……	能力单元1 ……	……	能力单元1 ……	能力单元1 ……	能力单元1 ……	……	能力单元1 ……	能力单元1 ……	能力单元1 ……	……	能力单元1 ……	……
级别5	能力单元1 ……	能力单元1 ……	……	能力单元1 ……	能力单元1 ……	能力单元1 ……	……	能力单元1 ……	能力单元1 ……	能力单元1 ……	……	能力单元1 ……	……
级别6	能力单元1 ……	能力单元1 ……	……	能力单元1 ……	能力单元1 ……	能力单元1 ……	……	能力单元1 ……	能力单元1 ……	能力单元1 ……	……	能力单元1 ……	……
级别7	能力单元1 ……	能力单元1 ……	……	能力单元1 ……	能力单元1 ……	能力单元1 ……	……	能力单元1 ……	能力单元1 ……	能力单元1 ……	……	能力单元1 ……	……

（四）撰写能力单元，形成征求意见稿

根据能力单元明细表确定的能力单元，客观地列出不同职能范畴下每项职能所需具备的能力。行业能力标准一般由 200～300 个能力单元组成。表4-2 是能力单元开发模板，由表可见，能力单元一般包括名称、编号、应用范围、级别、学分、能力、评价指引、备注等内容。其中涉及应用范围、级别、学分、能力和评价指引等核心概念。其中应用范围是描述能力单元在相应职能中的应用空间及适用情境。级别体现学习的深度和复杂性，具体级别与广东资历框架保持一致，分为 1 级（小学）至 7 级（博士）。学分体现学习量，即达到任务所需能力的学习量，学习量不仅包括面授，还包括远程学习、自学、实践等形式的全部时间。学分和学习量之间的换算采用 1 个学分

等于 10 个学时的标准。能力是指进入岗位完成任务需要的能力，包括知识类和能力操作类两项内容，其中需要特别注意的是，在描述能力表现要求过程中要注意融入态度和价值观等要素，以体现个人的品格、职业态度、责任感、道德规范、公民意识和社会主义核心价值观。评价指引列明评价的方法或活动，来衡量被评价者是否达到评价标准。一般采用"动作词＋从事的活动、工作和流程＋成效要求/标准"的句式进行撰写。

表 4 - 2　能力单元开发模板

名　　称	简洁描述需研制的能力单元的名称
编　　号	按规则编号
应用范围	描述该能力单元的适用情景
级　　别	1 ~ 7 级
学　　分	学习量（1 学分 = 10 小时）
能　　力 （表现要求） 注：描述过程中注意融入态度和价值观等能力要素	知识类
	能力（操作）类
评价指引	说明在设定的情境和客观条件下，胜任工作任务的综合成效要求，用以评价学习者是否具备顺利完成任务的能力，使能力单元可评可测
备　　注	视需要填写

　　能力单元编写完成后，进入编写行业能力标准征求意见稿和撰写编制说明阶段。行业能力标准征求意见稿主要包括职能结构图、能力单元明细表、能力单元、职业进阶路径图。起草征求意见稿的同时也需要编写编制说明，行业能力标准编制说明与地方标准广东资历框架的编制说明要求一致，也主要包括任务来源、工作过程、起草工作组成员、主要内容、技术指标、验证方法、验证的分析、采用国际标准情况、与现行法规和标准的关系、实施的要求和措施建议等（见图 4 -6）。

```
┌─────────────────────────────────────────────────────────┐
│                 行业能力标准编制说明                        │
│                                                           │
│  一、编制标准的背景和意义                                   │
│  二、工作简况（任务来源、工作过程、标准起草工作组）           │
│  三、编制原则和主要内容（如技术指标、参数、性能要求、验证方法等）│
│  四、对主要试验验证的分析                                   │
│  五、采用国际标准和国外先进标准情况                          │
│  六、与现行法规和标准的关系                                 │
│  七、实施该标准的要求和措施建议                              │
└─────────────────────────────────────────────────────────┘
```

图 4-6　行业能力标准编制说明主要构成

（五）业内咨询及质量调适

制定标准是为了能够在一定范围内获得最佳秩序，是经协商一致制定的。征求意见是凝聚利益相关方共识的重要举措。对行业能力标准而言，征求意见有利于广纳意见和吸引各行各业关注行业能力标准，为后续的应用推广奠定基础。广泛征求各利益相关方的意见，时间一般要持续一个月左右，然后开展符合性验证，组织行业专家委员会审查，形成行业能力标准送审稿和报批稿。广东资历评审服务中心会对行业能力标准进行质量调适，质量调适是对行业能力标准中的能力单元的描述内容、资历级别及资历学分进行审核并调整，确保其资历级别及资历学分科学合理并符合广东资历框架的要求。

（六）发布、推广及应用

行业能力标准经质量调适后，再次提交行业专家委员会审定并由相关社会团体依规发布、宣贯、试点和实施。

✸ 第三节　广东物流业（冷链）能力标准的建设与应用

本节将以物流业（冷链）能力标准为例，深入描述行业能力标准开发的具体流程，加深对行业能力标准研制规范性和实施重要性方面的认识。

广东省物流协会立足广东物流发展趋势和自身特点，结合物流产业结构、物流行业的人才培养体系及"一带一路"人才建设、大湾区人才建设及物流行业人才发展的具体需求，在对我国政策、标准体系及冷链物流行业企业的发展情况、战略规划、岗位及人才情况进行深入调研、比较分析和综合研究的基础上编制了物流业（冷链）能力标准。在研制过程中，广东省物流协会注重统筹规划，宣贯先行，关注产业政策、标准体系、岗位能力的协调，重视技术民主、协商一致和共同利益，创新设计了行业能力标准研制、实施、评价、改进和示范的闭环模式，充分发挥了政府机制和行业机制协同治理优势，体现了产业发展和人才培养的统筹和协调，实现了行业能力标准服务经济社会创新发展的建设愿景。

一．物流业（冷链）能力标准建设背景

物流业是融合运输、仓储、货代、信息等产业的复合型服务业，是支撑国民经济发展的基础性、战略性、先导性产业。物流行业技术面广、产业链长、业态众多、从业规模大，是支撑经济社会发展的基础性、战略性产业，市场需求巨大，发展空间广阔。国家发展改革委牵头联合 24 部委发布的《关于推动物流高质量发展促进形成强大国内市场的意见》强调，物流高质量发展是经济高质量发展的重要组成部分，也是推动经济高质量发展不可或缺的重要力量。中共中央、国务院 2019 年 2 月印发的《粤港澳大湾区发展规划纲要》提出，要推进粤港澳物流合作发展，大力发展第三方物流和冷链物流，提高供应链管理水平，建设国际物流枢纽。

冷链是物流产业特殊供应链的重要组成部分，是物流业作业要求最高、产业链条最完整的专业技术领域。冷链物流在国民经济中占有重要地位，它关系到"三农"问题，关系到能否满足人民群众对美好生活的向往的问题，

物流与"菜篮子"高度关联，而"菜篮子"是人民群众最关心的问题，是最直接、最现实的利益问题。广东省地处亚热带最南端，内外贸冷链物流总量居全国之首，冷链物流人才需求最大，冷链物流人才的培养问题亟待解决。[①]

广东省还是全国经济大省、物流大省和国际物流大省，物流行业从业者数量庞大，但人才短缺，从业人员成长通道不畅通。目前物流行业的职业培训、学历教育各自为政，体系互不隶属，物流行业能力标准融合、产教融合的问题亟须解决。建设物流业（冷链）能力标准是搭建物流业人才成长"立交桥"，促进教育链、人才链与产业链有机衔接，畅通学业提升通道、职业晋升通道、社会上升通道，有效缓解我国经济社会发展技能人才短缺的结构性矛盾的关键举措，也是满足冷链物流市场对人才的需求，支撑"一带一路"和大湾区人才建设，促进大湾区"联通、融通、贯通"，是提升冷链物流行业发展总体水平的重要基础。

二、物流业（冷链）能力标准概述

2022年6月物流业（冷链）能力标准以团体标准形式发布。

物流业（冷链）能力标准研制遵循GB/T 1.1—2020《标准化工作导则第1部分：标准化文件的结构和起草规则》有关规定，由广东学分银行管理中心（挂靠广东开放大学）提出，广东省物流行业协会、广东省物流标准化技术委员会（GD/TC4）、大湾区物流与供应链创新联盟归口，广东省物流行业协会、广州市交通技师学院、国家技术标准创新基地（广州）、广州顺丰冷运供应链有限公司、中外运冷链物流有限公司、大湾区智慧冷链产业学院、香港航运物流协会、澳门科技大学等32个单位起草。

物流业（冷链）能力标准规定了物流业（冷链）相关术语和定义、行业能力标准的范围、边界和内部结构、职业进阶路径，规定了物流业（冷链）资历所涵盖的主要职能范畴（核心岗位群）和职能，并列出了各职能所包含的不同等级的能力单元及其要素。物流业（冷链）能力标准包括10个职能范畴、38个职能，图4-7是物流业（冷链）的职能结构图。[②]

① 蔡松林，黄晓鹏，马仁洪. 广东省物流业资历等级标准研制内容研究［J］. 商展经济，2023（24）：121-124.
② 广东省物流行业协会. 物流业（冷链）资历等级标准：T/GDLIA 7—2022［S］. 广州：广东省物流行业协会，2022.

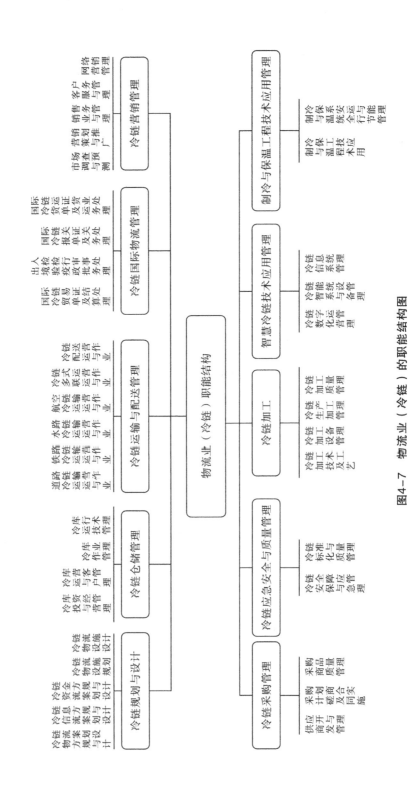

图4-7 物流业（冷链）的职能结构图

物流业（冷链）能力标准既可用于有关学历教育和非学历教育、行业认证、企业培训考核和个人业绩等各级各类学习成果的认定和使用，也可用于本职业有关专业（群）建设、课程标准开发、产教融合人才培养、岗位聘用、职业技能等级与薪酬评价等。

三、物流业（冷链）能力标准研制

广东省物流行业协会以广东行业能力标准的建设模式为指引，按照规范化的研制模型和标准化的技术路线开展物流业（冷链）能力标准研制工作，主要包括以下几方面。

（一）组建工作团队：确保内容的科学性、前瞻性、专业性

物流业（冷链）能力标准工作团队由领导小组、领导小组办公室、起草小组和专家智库组成，覆盖物流冷链、教育培训机构、标准化部门、研究机构等领域专家，确保物流业（冷链）能力标准研制的科学性、前瞻性、技术性、专业性和代表性。

1. 领导小组

领导小组由广东省物流行业协会、广东省物流标准化技术委员会组成，具体负责物流业（冷链）能力标准研制的统筹组织和技术指导工作，另外技术路线、技术统筹和协调组织由广东省物流行业协会会长负责。

2. 领导小组办公室

领导小组办公室由冷链物流专业委员会、教育培训工作委员会相关负责同志组成，负责物流业（冷链）能力标准研制的行业调研、标准编写、资源调配、后勤保障等工作。

3. 起草小组

起草小组负责行业调研、材料分析、数据处理、文本编写、技术统稿及其规范等各项细分工作任务，它由大湾区的有关企业、院校、研究机构等单位代表组成，起草小组还设立"1 + 10 + 1"协作共建的工作机制，即 1 个统筹组（负责标准技术统筹和规范工作）、10 个模块组（各自负责 10 个职能范畴能力单元开发工作）和 1 个大湾区工作组（依托大湾区物流与供应链创新联盟，联合港澳地区商会和企业辅助标准研制并组织大湾区范围内的征询意见工作）。

4. 专家智库

联合港澳相关行业性组织、省内相关标准化机构（含标准化研究院、标准技术研究公司）、相关企业（包括物流类企业、冷链类代表性企业、上下

游服务企业）、相关院校（含中职院校、高职院校、普通高等院校），组建专家智库开展咨询论证，为研制工作保驾护航。

（二）深入调查研究：坚持产业政策、标准体系、岗位能力的协调

物流业（冷链）能力标准以服务产业发展、促进产教融合、推进人才供给侧结构性改革、融合用人标准和育人标准、推动终身教育体系构建为发展目标，与产业政策发展方向相呼应、与标准体系相衔接、与岗位能力相融合，反映行业岗位所需要的核心能力是能力标准开发成功的关键。为此，起草小组采用政策研究、标准研究、企业调研、会议调研、问卷调查、典型调查、桌面研究等方式和方法进行了深入调研，了解了行业最新发展动态、未来趋势、人力需求和存在问题，并从政治、经济、社会、技术四个维度对物流行业生存与发展的宏观环境进行了分析。

政策研究方面，起草小组重点调研了国家、广东省出台的有关现代物流业和冷链物流发展的法律法规和产业政策，确保能力标准研制工作符合法律法规、产业政策和行业发展的需要；标准研究方面，为确保能力标准与广东资历框架等级标准和现有标准体系相融合、相协调，起草小组对上下游产业标准，现行冷链物流国家标准、行业标准和地方标准，中国物流与采购联合会编写的《物流行业职业标准构成》等约260项标准进行了研究，对标香港《物流业能力标准说明》，深度了解了粤港法律环境和价值观的差异对能力标准的影响；实地调研方面，深入政校行企近百家企业调研近50次，全面了解了冷链物流业务发展情况、战略发展规划、岗位及人才建设情况及发展需求；起草小组还采用会议调研、问卷调查、典型调查、桌面研究、查阅行业研究报告及拜访业内人士等方式收集、核实及确认有关资料的准确性、科学性和专业性。

调研发现，我国尚未构建物流业的职业能力认证体系，现行国家职业技能标准和职业资格证书体系中，只有物流服务师、冷藏工、供应链管理师等三个与物流有关联的国家职业技能标准，物流冷链人才建设的短板制约了我国现代物流业的可持续发展；另外冷链物流人才主要由专业性技术技能人才和普通作业人员构成，人才培养体系满足不了行业发展的人才需求，人才培养供给侧与行业发展需求侧的不匹配、不平衡、不协调是影响物流业整体服务质量的关键。

（三）研制职能结构图：反映冷链物流的核心范畴和核心能力

起草小组根据对行业环境与未来发展的分析，结合物流业（冷链）产业

体系及产业链构成，以及构建符合我国国情的"全链条、网络化、严标准、可追溯、新模式、高效率"的现代化冷链物流体系的要求，鉴别物流业（冷链）的职能范畴及其核心职能，形成职能结构图。

1. 职能范畴

职能范畴起着提纲挈领的作用，是后续研制工作的基础，起草小组在综合考虑冷链流程、工作岗位、全程冷链不断链的要求、不同从业人员等级划分和人才评价适用性等因素基础上，确定了物流业（冷链）的10个职能范畴（见图4-8），并规划了从业人员的职业晋升阶梯（见表4-3）。[①] 由图4-8可知，物流业（冷链）职能范畴从顶层设计层面、管理层面和技术层面进行划分，顶层设计层面是冷链规划与设计1个职能范畴，管理层面包括冷链仓储管理、冷链运输及配送管理、冷链国际物流管理、冷链物流营销管理、冷链采购管理、冷链物流质量管理6个职能范畴，技术层面包括冷链生产加工、智慧冷链技术应用、制冷工程技术应用3个职能范畴。

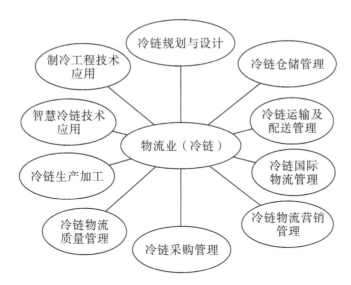

图4-8　物流业（冷链）十大职能范畴

由表4-3可知，冷链物流各职能范畴的职业晋升阶梯清晰明了，各职能范畴晋升的最高级别皆为行业专家，包括集团总经理/事业部总裁、总工程师。

---

① 广东省物流行业协会. 物流业（冷链）资历等级标准：T/GDLIA 7—2022［S］. 广州：广东省物流行业协会，2022.

表4-3　物流业（冷链）职业晋升阶梯

资历等级	冷链规划与设计	冷链仓储管理	冷链运输与配送管理	冷链国际物流管理	冷链营销管理	冷链采购管理	冷链应急安全与质量管理	冷链加工	智慧冷链技术应用	制冷与保温工程技术应用
7级	行业专家（集团总经理/事业部总裁、总工程师）									
6级	冷链规划与设计高级工程师（高级规划师、高级设计师）	冷链仓储/供应链运营总监；冷藏工（一级/高级技师）	冷链运输/供应链配送运营总监	冷链国际物流/供应链运营总监	营销/市场/业务拓展/销售/网络营销/客服总监高级经理	采购经理	质量/品质标准化/安全管理总监（高级工程师）	冷链加工技术/项目运营（食品/品安全/品销售/品质量管控制）总监	智慧冷链数字化信息技术总监，智能化系统高级工程师，系统规划师，分析规划师	制冷与保温工程设备工程师、产品总监规划、产品设计师、产品总监
5级	冷链规划与设计工程师（规划师、设计师）	冷链仓储/供应链运营经理（业务主管）；冷藏工（二级/技师）	冷链运输/供应链配送运营经理（业务主管、冷链车队/运力拓展主管）	冷链国际物流运营经理（运作主管）	营销/市场/业务拓展/销售/网络营销/客服经理	采购主管	质量/品质标准化/安全管理副总监/主管（工程师）	冷链加工技术/项目（食品/品安全/品销售/品质量管控制）经理	智慧冷链数字化信息技术、项目经理、智能化系统工程师、解决方案架构师	制冷与保温设备、产品工程师、产品规划、设计师、产品主管

续上表

资历等级	冷链规划与设计	冷链仓储管理	冷链运输与配送管理	冷链国际物流管理	冷链营销管理	冷链采购管理	冷链应急安全与质量管理	冷链加工	智慧冷链技术应用	制冷与保温工程技术应用
4级		冷链仓储操作主管	冷链运输/配送操作主管、冷链运输与配送作业岗位操作技工	冷链国际物流操作主管（报关员、报检员）	营销/市场/销售/网络营销/运营、客服主管	采购助理	质量/品质标准化管理工程师、质量技术管理员、安全质检员	冷链加工技术操作/项目主管、品质控制（食品安全/品质营销）组长	智慧冷链、冷链数字化信息技术、项目运营主管、智能化系统助理工程师	制冷与保温工程设备助理工程师、产品经理
		冷藏工（三级/高级工）								
3级		仓管员、调度员、单证员	冷链运输与配送作业岗位熟练工	冷链国际物流进出口操作专员	营销/市场推广/销售、客服专员	采购专员		冷链加工技术员、品质控制（食品安全/品质营销）专员	信息处理员、信息安全员	制冷、设备工
		冷藏工（四级/中级工）								
2级			冷链运输与配送作业岗位初级工			采购文员				
		冷藏工（五级/初级工）								
1级										

注：冷链运输与配送作业岗位操作，包括运输、装卸、叉车、配送、调度、单证等。

2. 职能

确定职能范畴及职业晋升阶梯，起草小组按照职能范畴组建课题小组并启动第二阶段的调研以确定职能范畴下的职能，课题小组会利用专题会议、座谈会、书面等形式深入了解、搜集和征询行业职能设置情况，分析职能的价值、可持续发展、前瞻性和实用性，关注职能在行业发展中的必要性、重要性及受惠群体的覆盖面，最后列出每个职能范畴的职能表及其关联性，对每个职能须具备的能力要求进行分析，形成能力单元。物流业

物流业（冷链）
能力单元明细表

（冷链）10 个职能范畴下细分为 38 个职能，38 个职能最后划分成 253 个能力单元，10 个职能范畴能力单元明细表可扫码获取内容。

以冷链规划与设计为例，冷链规划与设计主要面向从事物流产业或冷链供应链（含企业冷链体系规划建设）、基础设施规划与设计的岗位群，冷链规划与设计是对行业、项目进行相对全面、长远的发展计划，是对未来整体性、长期性、基本性问题的思考和布局，是战略性的统筹规划研究和策划。

图 4 - 9 是冷链规划与设计的职能图，表 4 - 4 是冷链规划与设计的能力单元明细表。由图 4 - 9 和表 4 - 4 可见，冷链规划与设计分为冷链物流方案规划与设计、冷链信息流方案规划与设计、冷链资金流方案规划与设计、冷链物流设施规划、冷链物流设施设计等 5 个二级职能，共有 20 个能力单元，冷链规划与设计属于顶层设计层面的职能范畴，能力单元的资历等级为 4～7 级，职业进阶路径为工程师（规划师、设计师）、高级工程师（高级规划师、高级设计师）。

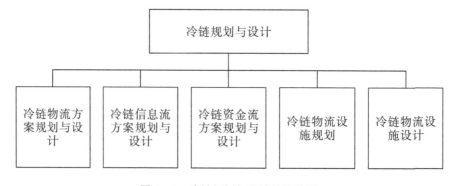

图 4 - 9 冷链规划与设计的职能图

表4-4　冷链规划与设计的能力单元明细表

职能		冷链物流方案规划与设计	冷链信息流方案规划与设计	冷链资金流方案规划与设计	冷链物流设施规划	冷链物流设施设计
等级	1级					
	2级					
	3级					
	4级	规划设计市级冷链物流方案（6学分）	规划设计市级冷链信息流方案（3学分）	规划设计市级冷链资金流方案（3学分）	冷链物流设施总体测算（3学分）	冷链物流设施业务流程设计（3学分）
	5级	规划设计省级冷链物流方案（6学分）	规划设计省级冷链信息流方案（3学分）	规划设计省级冷链资金流方案（3学分）	冷链物流设施选址规划（3学分）	冷链物流设施信息系统设计（3学分）
	6级	规划设计国内冷链物流方案（6学分）	规划设计国内冷链信息流方案（3学分）	规划设计国内冷链资金流方案（3学分）	冷链物流设施总体规划（3学分）	冷链物流设施设备设计（3学分）
	7级	规划设计全球冷链物流方案（6学分）	规划设计全球冷链信息流方案（3学分）	规划设计全球冷链资金流方案（3学分）	冷链物流设施区域布置（3学分）	冷链物流设施空间设计（3学分）

（四）撰写能力单元：成效为本、描述准确、可测可评

表4-5是冷链物流规划设计市域冷链资金流方案能力单元，由表4-5可见，能力单元是从实务性的角度按从业人员执行职能时所需具备的行业知识、专业技能、软性技巧等而编写，说明所需的知识、能力、表现要求和成效标准，并就能力单元的资历级别及资历学分提出建议。能力单元的编写过程还要贯彻如下原则：第一，把成效为本的理念融入能力单元对能力的描述和评价指引中，成效为本聚焦界定清晰的学习成效①，即聚焦学生完成学习经历后能成功掌握的能力，并以此组织及安排所有活动，它强调学生可以经

① 张伟远. 国家资历框架的理论基础和模式建构 [J]. 中国职业技术教育，2019（18）：28-45.

历不同的学习过程，但能达到同一成效。第二，描述准确。对应用情境（取得或应用能力时的环境、状态和限制）、预期的工作质量、相关的责任和自主性、执行和解决问题的方法等进行严谨、精准及全面的描述，准确反映能力并符合广东资历框架的要求，广东资历框架级别指标的主要特征及关键词汇的要求见表4-6，由表可知，1级的关键词汇是"执行"，7级则是"创造、发明"，区分度非常清晰。第三，可测可评。可测可评是指能力单元的评价指引要能够客观、准确地测量或评价学习者在教育过程中获得的能力，其表述要具有可操作性，评价要素是可感受、可测定和可评价的。

表4-5　规划设计市域冷链资金流方案能力单元

1. 单元名称	规划设计市域冷链资金流方案
2. 单元编号	202103XXX4
3. 应用范围	适用于企业运营管理、投资管理、财务管理部门，能规划设计市域冷链资金流方案
4. 级　　别	4
5. 学　　分	3
6. 能　　力	6.1　知识类： 6.1.1　掌握一般会计、财务理论。 6.1.2　掌握资金记录理论和方法。 6.1.3　学会资金流分析、使用、设计等基本方法。 6.2　能力（操作类）： 能够规划设计市域冷链资金流方案。具体包括： 6.2.1　搜集现有企业地区范围内的运营数据、物流数据和相关数据。 6.2.2　能够进行物流各环节的资金流收集。 6.2.3　能够进行资金流数据的分析使用。 6.2.4　能够基于地区范围分析物流与资金的关系并做出规划设计。 6.2.5　对于企业数据保密要有高度的责任心

续上表

7. 评价指引	此能力单元的综合评价要求为： 7.1 条件因素： 在企业地区范围运营中，能够独立或协同完成市域冷链资金流方案规划设计。 7.2 目的对象： 向客户负责、向企业物流管理部门及财务管理部门负责。 7.3 实务行动： 按照企业发展战略规划和运营要求，完成市域冷链资金流方案规划设计，包括资金流向、流量、周转时间、筹资融资、使用等基本方案。 7.4 达标要求： 方案切实可行、符合企业会计相关标准
8. 备 注	避免企业资金链断裂

表4-6 资历级别评级准则

级别指标的主要特征	资历级别	级别指标关键词汇
具有最先进的技能和方法，表现出高度的权威性、创新性、自主性、学术性和职业操守，能持续不断地形成新的理念和方法，为行业发展做出关键性创新性贡献	7	创造、发明
具备批判性思考能力及创新思维，可在复杂、不可预测的环境中执行涉及建立评估及决策相关的工作，并显示出领导才能	6	建立、评估、设计
具备分析及组织能力，能够在不可预测的环境中执行涉及制定、管理及与技术相关的工作，带领团队完成不同目标并对工作成果负责	5	制定、管理、订立、分析
具备斟酌处理及判断的能力，能够在不可预测的工作或学习环境中，履行管理和指导的职责，评估和改进自己和他人在工作或学习的表现	4	调配、指导、管理
具有一定的判断能力，能够在变化但可预测的环境中，运用专业技能，执行受指导的工作和监督他人的常规工作，并履行有相当局限的职责范围	3	执行、应用、监督

续上表

级别指标的主要特征	资历级别	级别指标关键词汇
在清楚指导下，运用简单技能在一定程度上自主地执行常规性任务及性质重复的工作	2	执行、应用
在他人直接指导下完成简单的学习任务或工作任务	1	执行

（五）编写编制说明：真实反映编制过程，确保编制内容的可追溯性

如前所述，编制说明是标准制定过程中必不可少的文件，也有利于标准的应用与推广。物流业（冷链）的编制说明同理要涵盖标准化对象的国内外科技发展水平、技术成熟度和标准化状况，真实反映标准制定过程和主要技术内容，标准采用国际标准情况及其达到的水平和标准发布实施后带来的社会经济效益等。[①]

（六）开展业内咨询：协商一致，最大限度实现共同利益

起草小组非常重视征求意见工作，在征求各利益群体对能力标准的意见的同时，也对后续实施能力标准进行了交流。一是征求省内开设冷链相关专业或课程的中、高职院校和普通高等院校意见，并就开展冷链产教融合人才培养合作意向进行初步摸底，为在人才培养环节推广应用奠定基础。二是征求省内具有冷链相关业务的物流企业、上游产业的生产经营企业（如生产＋物流型的重点农业龙头企业）、生产制造企业（包括为冷链行业服务的装备制造企业，含专用车辆生产和经销企业、冷库工程相关企业）意见，同时对利用行业能力标准建立企业用人和培训标准试点的合作意向进行初步探讨，为推动行业能力标准在人才培养、企业招聘和职业继续教育培训等方面的应用奠定了基础。三是征求港澳地区物流相关行业商协会的意见，依托香港物流商会、香港航运物流协会（及其下设冷链物流专业委员会）向港澳物流企业开展征询意见，为粤港澳物流业人才的有序流动奠定基础。

物流业（冷链）能力标准也要进行调适，具体调适工作由广东资历评审服务中心负责，调适工作须采用公正和不偏不倚的专业角度来进行判断，确保物流业（冷链）能力标准的资历级别及资历学分符合资历框架的要求。

[①] 王玉红，汤海荣，张文娜，等. 标准编制说明的重要性及常见问题解析 [J]. 中国标准化，2015（1）：90 – 94.

（七）编写标准文本：三稿定标、流程规范

物流业（冷链）起草小组严格按照"三稿定标"（征求意见稿、送审稿和报批稿）的原则，遵循标准化的研制路线，接受行业专家委员会审阅和检视，与各利益群体协商一致，促进了能力标准制定公开化及程序的规范性、科学性，主要工作节点包括以下几方面。

《物流业（冷链）资历等级标准》自 2020 年 1 月启动研制工作，2021 年 11 月完成标准征求意见稿，2021 年 12 月至 2022 年 2 月进行公示和征询意见并形成标准送审稿，2022 年 3 月 9 日至 4 月 18 日在全国团体标准信息平台公示并征询意见后形成标准报批稿。2022 年 6 月，按照《团体标准管理规定》《广东省物流行业协会团体标准制修订管理办法》有关规定由广东省物流行业协会发布并实施。

图 4-10 是物流业（冷链）能力标准的文本封面和目次，由图可见，标准文本主要包括前言、范围、规范性引用文件、术语和定义、职能结构图、职业进阶路径、能力单元明细表、能力单元等内容。

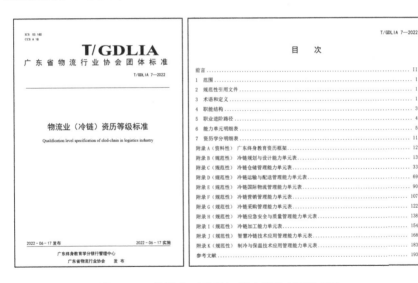

图 4-10 物流业（冷链）能力标准封面和目次

四、物流业（冷链）能力标准的实施

聚焦课程开发、产教融合、岗位聘用、人才评价等领域的应用，广东省物流行业协会联合广东省物流标准化技术委员会（GD/TC4）、广东学分银行

管理中心启动物流业（冷链）能力标准的实施试点工作，同时建立了实施效果评价指南，为标准宣贯推广和实践应用试点提供参考性文件。

物流业（冷链）能力标准实施工作包括：一是宣传推广。开展多层次多维度的宣贯活动加强各利益相关方对资历框架和行业能力标准的了解，推动标准在企业和院校中落地实施，包括网络推广、培训推广、交流合作推广、会议专题推广等。二是打造人才培养实践应用的样板工程。以"智慧冷链产业学院"为试点单位，推动物流业（冷链）能力标准应用于智慧冷链特色专业（群）建设、人才培养方案优化、学分制管理应用、能力为本课程开发、产教融合实践教学、冷链产业大讲堂等（见图4-11），创建行业能力标准在产业人才培养中实践应用的样板工程。三是打造人才评价改革实践应用的示范模式。根据《物流业（冷链）资历等级标准》开发职业阶梯课程，探索开展对从业人员在岗位中积累的知识和能力进行评估，助推以能力为导向的新时代人才评价改革。四是研制物流行业能力标准实施效果评价质量管理体系，这是物流业（冷链）能力标准建设中最具特色和创新的设计。它依据广东资历框架，结合《标准化效益评价　第1部分：经济效益评价通则》（GB/T 3533.1—2017）、《标准化效益评价　第2部分：社会效益评价通则》（GB/T 3533.2—2017）相关要求而制订，它对物流行业能力标准实施在经济、社会、生态等方面所获得的效益，以及行业对标准内容质量和应用水平的反映情况进行评价，为标准的持续改进奠定基础。①

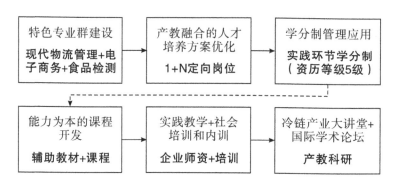

图4-11　物流（冷链）行业能力标准在人才培养实践中的应用

---

① 物流业（冷链）资历等级标准项目组. 物流业（冷链）资历等级标准项目分析报告 [R]. 广州：物流业（冷链）资历等级标准项目组，2021.

第五章

广东数字学分银行的运作系统

数字学分银行的运作系统是学分银行制度、资历框架和学习成果认证制度理论内涵和核心价值技术化和数字化的表现形式，是丰富和提升终身教育体系服务能力和社会价值的重要载体，旨在打造面向人人、惠及人人、适合人人的公平有质量的终身教育体系，实现服务智能化、成果数字化、成长个性化、服务一体化。数字学分银行的运作系统主要由信息管理平台、实体中心、资历名册、终身学习电子档案等组成。它以资历框架的资历类型、资历等级、资历标准（等级描述）和质量保障为主线，基于连接思维和数据治理视角，运用大数据、区块链、人工智能等数字化技术，挖掘数据融通的规律和价值，从不同的角度赋能学习者、政府管理部门、教育培训机构、行业企业、社会团体等，彰显其连接价值和核心能力。

❋ 第一节　数字学分银行的整体建设

一、数字学分银行的价值场景

数字学分银行作为构建终身教育体系、推动教育评价改革、推进学习型社会建设的组成部分，其地位和作用越来越凸显，以资历框架为内在逻辑，重点推动学习成果从存储、积累到运用的转化，体现了学习成果与资历、资历等级、学业和职业发展的衔接，体现学习成果背后的规律和价值，丰富了终身教育体系各种服务应用场景，通过终身学习电子档案、资历名册、信息管理平台、实体中心，为学习者、行业企业、政府管理部门、用人单位等提供了个性化、智能化、多样化的服务。具体包括：为学习者提供资历认证、数字简历、资历画像、学分地图、成长路径规划等多样化、智能化服务；为用人单位提供学术型、技能型、经验型、复合型人才岗位推荐，精准触达企业所需人才；为教育培训机构深化人才培养改革、优化课程设计提供标准和依据；为政府部门优化我省人力资源配置提供辅助决策支持，实时提供学分银行业务数据、学分银行人才盘点、学分银行服务体系、全省受教育人口统计、全省人力资源统计等重点监测数据。数字学分银行的价值场景包括认证、积累和转换新平台，人才评价新变革，粤港澳教育合作新典范，产教融合新赛道，政府决策新支持，学习型社会建设新体验，终身学习新服务等七个方面。

（一） 认证、 积累和转换新平台

新《职业教育法》提出"国家建立健全各级各类学校教育与职业培训学分、资历以及其他学习成果的认证、积累和转换机制"，"实行学历证书及其他学业证书、培训证书、职业资格证书和职业技能等级证书制度"，同时强调，学业证书、培训证书、职业资格证书和职业技能等级证书，按照国家有关规定，作为受教育者从业的凭证。上述条款为开展各级各类教育和培训成果的认证、积累和转换提供了法律基础。根据广东资历框架及其标准体系开展各级各类教育成果、国家职业资格证书、技能等级证书和培训证书等学习成果的认证、积累和转换，并推动政府认可的第三方评审机构就学习者学习成果所代表的能力和水平进行资历认证并颁发资历证明书。在国家政策的推引下，资历证明书将可作为受教育者就业和升学的凭证，从业人员可凭业绩和能力提高待遇，彰显个人的核心能力和社会价值。随着教育数字化的不断推进，数字徽章、微认证、微课程证书、虚拟认证、虚拟文凭等悄然兴起，给文凭制度带来全新冲击的同时，也带来新的数字化红利，它昭示着基于终身学习电子档案所反映的能力和水平，我们可以为学习者的发展提供更多的研究和支持，如研究建立融合创新的终身学习数字化认证体系，推出虚拟认证、虚拟文凭等相关认证服务，利用学分银行制度打通实体世界的管理与虚拟世界的治理问题，激活教育数字化的创新能量，构建面向未来、以人为发展中心的教育新生态，助力终身学习和学习型社会建设。

（二） 人才评价新变革

克服唯分数、唯升学、唯文凭、唯论文、唯帽子的顽瘴痼疾，推动人才评价从单一知识评价向知识、技能、能力综合评价转变是我国新时代人才评价改革的主要方向。广东资历框架为人才评价变革、畅通所有社会成员的学业提升、职业晋升、社会上升通道提供了制度基础和新抓手。一是根据资历名册制定或规划适合个人成长路径，推动建立基于资历的多元化人才评价机制和技能型人才聘用制度，以资历作为人才评价的主要依据，支持技能型人才凭资历（而不仅仅是学历）提升待遇。二是实施行业能力标准认可从业人员在职场积累的知识和能力，拓宽技术技能人才成长通道。三是鼓励职业学校根据资历聘请技能大师、劳动模范、能工巧匠、大国工匠、非物质文化遗产代表性传承人等高技能人才参与人才培养、技术开发、技能传承等工作，打破唯学历论。

（三） 粤港澳教育合作新典范

广东作为推动大湾区教育合作的重要责任主体，贯彻新发展理念，抓紧落实党和国家赋予的新任务，承担广东责任，体现广东担当，服务大湾区合作战略，打造粤港澳合作新典范是广东学分银行的时代命题。基于广东资历框架推动大湾区资历和学分互认，签订资历框架和教育培训及人才交流合作意向书，建立了行业能力标准和质量保障机制等方面的共建共享机制，为大湾区人才流动奠定了基础。

（四） 产教融合新赛道

推进产教融合，为经济社会发展提供人才和智力支撑是我国教育发展和改革的主旋律，广东资历框架下，行业能力标准是推动产教融合的新赛道，它是教育培训机构深化人才培养改革、优化课程设计的标准和依据。依据行业能力标准撰写核心岗位职业晋升阶梯，推动行企校共同研发能力为本课程和职业阶梯课程，助推育人标准与用人标准对接，促进教育链、人才链与产业链有机衔接，助力从业人员职业晋升。

（五） 政府决策新支持

学分银行是海量数据的汇聚地，通过大数据分析和人工智能算法，从学历、专业、行业、职业、战略性新兴产业等多维度可形象化、直观化、具体化、智能化地反映人力资源、职业教育、高等教育、继续教育等核心指标的相关情况，从数字化视角为政府部门提供决策支持，相关数据可追根溯源、可发现问题、可关联分析和预测分析等。

（六） 学习型社会建设新体验

聚焦解决学分银行权威性、公平性、可操作性和实用性，致力增强全体社会成员终身学习的体验感、代入感和获得感等现实问题，广东学分银行采用宣传片、专题片、打造品牌形象识别系统、建设集宣传推广和互动体验于一体的实体中心等形式传达终身教育的理念、宗旨及作用，强化数字时代学习型社会的体验感，丰富"人人皆学、处处能学、时时可学"新场景，营造"人人努力成才、人人皆可成才、人人尽展其才"的终身学习氛围。

（七） 终身学习新服务

聚焦学习者的核心诉求，以"互联网＋"建立覆盖各类人群的终身学习的电子记忆图谱，实现学习经历、学习成果、职业技能及转换记录等信息的网络化、数字化、个性化和终身化。终身学习档案"一人一档、终身有效，经授权后可供用人单位、教育培训机构查询使用"[1]，是连接学习者、教育机构、行业企业等组织的桥梁和纽带。在广东学分银行中，终身学习档案不是静止的数据仓库，而是以生态、联动、赋能为宗旨的联动式数据库，通过大数据、人工智能等先进技术，挖掘数据背后的规律，提升个体甚至整个网络的核心价值，打造汇（汇聚）通（融通）用（应用）数据新生态，形成"增强现实"效果，赋能学习者，丰富学分银行在终身教育体系中的服务能力和社会价值，增强学分银行的生命力和可持续发展能力。

1. 一人一展厅

学习成果展示厅以图表的形式直观量化地展示学习者的终身学习电子档案，提供学习者不断进步的证据，证明学习者的核心能力。学习者可随时随地展示个人终身学习成果和生成可信而权威的数字简历，增强学习者的获得感和社会认同感。用人单位、有关院校可以全面、系统地了解学习者的能力水平、特色特长、核心价值观等，助力学习者高质量就业。

2. 一人一画像

画像是指学习者的资历画像。利用大数据技术，根据学习者的学习行为、知识结构、能力特点和能力结构，从知识、技能和能力三个维度对学习者的

---

① 教育部关于办好开放大学的意见 ［Z］. 2016 - 01 - 21.

知识学习、职业状态及技术技能进行多维度、跨学科的展示与分析，精准勾勒智能时代的学习者资历画像，直观展示学习者在各维度达到的资历等级及逻辑路径。资历画像以知识图谱的方式更能直观展示学习者在知识、技能和能力三个维度达到的能力水平，并提供学习者在全民终身学习中的综合排名。其中知识图谱反映学习者在学术方面的专业特长和专业水平，技能图谱则集中反映学习者在继续教育层面的职业技能和职业能力，能力图谱反映学习者在实践层面即在具体的行业岗位上积累的经验和能力。通过多维度的资历画像，可以了解学习者的学习轨迹、能力特点、知识结构和能力结构及综合排名，排名功能引导学习者不断进行自我评估，激励学习者分享终身学习正能量并保持持续成长的动力。资历画像以更新颖、更灵动的表达形式展现终身学习的价值和魅力，引领学习者不断进行自我评估、终身学习和全面发展，激励学习者分享终身学习正能量并保持持续成长的动力。

从图 5 - 1 可见，资历画像从知识、技能、能力三个维度分析并展示学习者资历所属的专业、职业、行业、资历等级和排名等信息，刻画终身学习视角下学习者已有学习成果的核心价值。

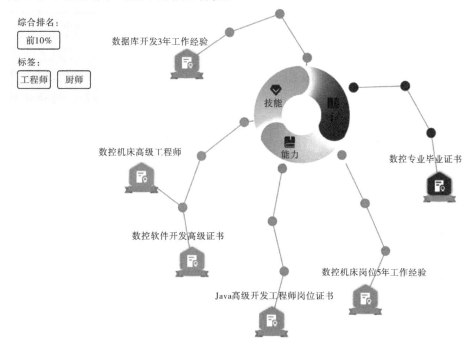

图 5 - 1 个人资历画像示例

3. 一人一地图

地图是指学分地图，它采用"旭日图"等形式呈现学习者终身学习获得的学分分布，设计游戏化的通关模式和积分规则，赋予终身学习更多的趣味性、更多的满足感、更多的惊喜与动力，从而激励学习者主动学习、持续学习，与时代同向同行。另外学分地图将逐步建立学习地图功能，引导学习者学习当下热门或紧缺的职业技能，引导学习者关注当下国家重点发展的乡村振兴、老年教育、社区教育等领域，并为其匹配最优质的学习资源，着力营造"人人时时处处"可学的终身学习氛围。

4. 一人一规划

新《职业教育法》提出"采取多种形式为学生提供职业规划、职业体验、求职指导等就业创业服务，增强学生就业创业能力"，面向人人、面向终身、面向未来提供职业发展规划和成长建议也是题中之意。一人一规划是指为学习者提供的学业和职业规划。通过大数据技术和人工智能技术，综合产业行业发展、就业导向、人力资源供求关系动态、岗位能力要求、职业岗位薪资变化等信息建立教育知识图谱和人才需求图谱。一是研究产业战略升级、产业转型升级、新兴产业（行业、职业）与人力资源发展之间的关系，分析我国现存的职业教育培训评价组织、职业测评系统、就业服务提供机构、就业创业网、就业网、求职网等的能力要求和人才政策，根据人才需求图谱和教育知识图谱，设计目标达成点亮机制，点亮学习者符合图谱要求的学习成果并提供学业规划服务，提供学习资源的最佳配置或最优推荐，激励或引导他们向社会发展和产业发展需要的方向成长，推动人力资源建设与社会发展相融合、相促进。二是利用大数据和人工智能算法进行更深度的开发和设计，运用海量数据形成学习者画像，对行业各类职业岗位招聘信息进行内容理解、语义分析，计算生成岗位画像，智能理解企业岗位能力要求、人才政策等信息内容，形成企业画像。然后利用知识图谱和语义分析等智能算法建立智能撮合系统，对学习者画像、岗位画像、企业画像进行叠加分析计算，得出学习者与企业岗位的匹配度，从而提出职业发展建议或岗位推荐，学习者可以获得精准就业推荐、参考薪酬等信息。

5. 一人一认证

根据资历框架及其标准体系，由政府认可的第三方评审机构或评估机构就学习者学习成果所代表的能力和水平进行认证。如对从业人员在岗位上积累的知识和能力进行评估，评估通过的可颁发广东资历框架认可的有质量保障的资历证明书。在国家政策的推引下,资历证明书将逐渐成为从业人员就业和升学的凭证。

6. 领导驾驶舱

通过大数据分析和人工智能算法,基于海量的数据,从学历、专业、行业、职业、战略性新兴产业等多维度形象化、直观化、具体化、智能化地反映人力资源、教育、就业及学分银行等核心指标的相关情况,从数字化视角为政府部门提供决策支持。领导驾驶舱可追根溯源、可发现问题、可关联分析和预测分析等。

二、数字学分银行的建设策略

基于数字学分银行的价值场景,广东学分银行要实现持续发展,基于资历名册和终身学习档案库,构建职业信息库,研究并采用构建数据供应链、强化数据治理和启动职业分析研究等方面的实施策略就非常重要,见图 5-2。

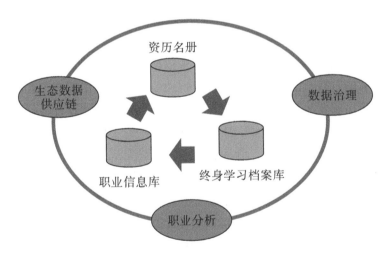

图 5-2 数字学分银行的建设策略

(一) 构建数据供应链

自党的十九届四中全会首次将数据增列为生产要素后,大数据以蓬勃之势与各类业态连接融合,创造了极大的经济和社会效益,促进了社会的改革与进步。数字学分银行需要把在国家部委和省厅委局等相关政府管理部门、各级各类学校及教育培训机构、行业企业、社会团体中的个人学习经历、职业经历和社会活动等成果汇聚并连接起来,以开放、包容、共享、生态、联动、赋能为原则，构建连接生态下的数据供应链，为推动学习成果从"存起来"到"用出去"奠定基础。

（二） 强化数据治理

数字学分银行要实现为不同群体赋能，提升数据效能是关键，而数据治理是提升数据要素价值的关键一招。资历框架的运作机制是基于劳动力市场而设计，促进教育、经济和社会发展是其核心目标，故资历框架也是教育治理的工具，它通过统一标准打破职业教育与普通教育壁垒、促进终身学习和劳动力流动、提高就业能力、增进教育公平。[①]

中共中央、国务院印发的《关于构建更加完善的要素市场化配置体制机制的意见》中明确要求加快培育数据要素市场，全面提升数据要素价值。数据治理是释放数据要素价值的基础和前提，近年来，伴随着大数据技术和数字经济的不断发展，提升数据治理能力被赋予越来越多使命和内涵。各行各业各场景都有各自不同的特点和思考，数据治理被赋予了不同的含义和作用。《数据治理标准化白皮书（2021 年）》中的定义比较有代表性，它认为"数据治理是通过法律法规、管理制度、标准规范、技术工具等一系列手段，面向个人数据、企业数据、政府数据、公共数据等不同类型数据对象全生命周期开展有效的管控，以满足企业管理、行业监管、国家治理、国际协作等场景下数据应用的要求"。综上，数字学分银行需要面向学习者、政府管理部门、教育培训机构、行业企业、社会团体等提供的不同类型数据对象全生命周期开展有效的连接、挖掘、管理和使用，最终完成各种信息向高价值数据转变的生命周期过程，提升数据的社会价值和服务价值。

数据治理的最终目标是提升数据价值，但数据本身是没有价值的，数据只有和数据、和业务场景连在一起才会有价值。就数字学分银行而言，资历名册、终身学习成果档案库和职业信息库是学分银行数据治理的核心数据源，利用相关工具和数字化技术深入分析研究学分银行的运行机制和学习成果档案库、资历名册、职业信息库等的数据特征，通过业务场景让数据串联起来，激活与释放终身学习档案中基础数据及数据资产的价值，打造资历框架下的赋能生态，实现为不同群体提供多层次、多类型、多维度的服务。图 5 – 3 是资历框架和数字学分银行的关系图，由图可见，学习成果档案库、资历名册、

---

① 包塔含，文雯. 全球教育治理的过程机制与内在逻辑：以国家资历框架制度为例 [J]. 清华大学教育研究，2022，43（1）：108 – 115.

职业信息库建立连接关系后，通过数据治理手段，学习成果与资历对接、与升学就业融通，数字学分银行可为学习者提供学习成果展厅、资历评审、就业推荐和职业发展规划、资历画像等服务。综上，数据治理视角下学分银行向学习者提供的不是存储的数据，而是数据背后隐藏的学习能力、职业发展力、学历提升力、社会上升力甚至是核心竞争力。

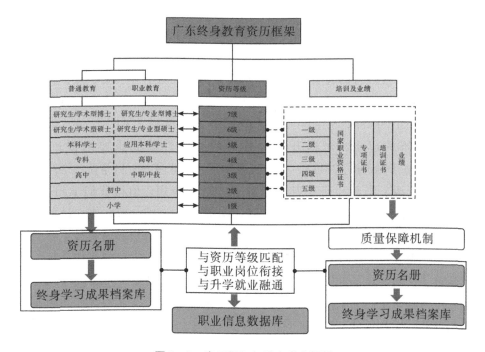

图5-3　资历框架与数字学分银行

（三）启动职业分析研究

运用信息化手段为用户提供更多更广泛的职业分析服务是我国急需研究的领域，也是广东学分银行职业规划和就业推荐服务的重要支撑。依据《中华人民共和国职业分类大典（2022年版）》（以下简称《大典》）的职业分类和职业技能标准，利用数字学分银行收集参与主体职业分析的实证数据，构建职业信息数据库，打造为学习者提供就业推荐和职业分析服务、为用人单位提供人才推荐服务的人才管理系统。随着职业信息数据库信息收集的增加和丰富，人才管理系统的服务将越来越可靠、精准和科学，并最终成为社会成员就业、用人单位招聘人才、人力资源开发的集散地。职业信息库的数据采集可以采用以下方式相互补充和完善：一是通过《大典》中的职业代码与国家职业技能等级标准中的职业能力要求对接。二是与我国现存的职业教育培训评价组织、职业测评系统、就业服务提供机构、就业创业网、就业网、求职网等实现有效对接，建立职业要求、人才政策方面的交流与共享机制。三是在终身学习档案库建设进程中做好顶层设计，收集求职者的求职意向、薪酬区间等信息；利用资历名册收集院校、行业企业等资历营办主体对职业的工作任务要求及对从业者的技能、能力、专业、教育背景、任职资格等方面的要求，对薪酬、职业发展前景、新兴职业技能要求等进行针对性部署，同时建立专家定期评估和持续更新的机制。

在美国职业教育的发展进程中，职业分析系统对引导全美职业教育、职业培训、技能鉴定起着十分重要的作用。美国 O＊NET 职业信息网络系统（Occupational Information Network，O＊NET）内容模型（见图 5 - 4）常被作为岗位分析的起点，对提升岗位分析的有效性起到重要的促进作用（Morgeson & Dierdorff，2011），其信息在学生、求职者、社区学院、继续教育者、人力资源工作者和研究者中得到了广泛的应用，值得我们学习借鉴。O＊NET 是美国劳工部组织开发的一个专业职业信息网，旨在建立最新最全面的职业信息来源。它被认为是过去几十年来在岗位分析领域中最主要的一项创新。内容模型是 O＊NET 的核心，具有多层次、全方位的指标体系，并且经过了长期的检验①，如图 5 - 4 所示，其每一种职业描述都包括六大领域：工作者特征、工作者要求、经验要求、职业要求、劳动力特征和职业特定信息②。

① 陈笃升，王重鸣. 职业信息网络的框架、特征和应用 [J]. 心理科学进展，2013
（4）：721 - 731.
② O＊NET Resource Center[EB/OL]. [2024 - 06 - 29]. http://www. onetcenter. org/content.
html.

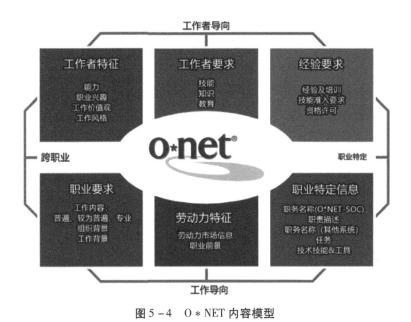

图 5－4　O＊NET 内容模型

☀ 第二节　数字资历名册的开发

一、建设背景

近年来，国家陆续出台政策文件，从构建服务全民终身学习的教育体系，解决教育评价指挥棒问题，建立符合技术技能人才成长规律的职业教育制度体系，为建设技能型社会提供更多样、更灵活、更个性化的成长通道等方面进行了部署和要求。《中国教育现代化 2035》将"构建服务全民的终身学习体系"作为实现教育现代化的十大战略任务之一①；《关于深化教育体制机制改革的意见》要求"符合人才成长规律"；2018 年全国教育大会提出"坚决克服唯分数、唯升学、唯文凭、唯论文、唯帽子的顽瘴痼疾"，并明确提出"四个加快建成"的时代要求——一是加快建成伴随每个人一生的教育，二

---

① 人民画报社. 图解《中国教育现代化 2035》［EB/OL］.［2024－06－29］. http://www. rmhb. com. cn/zt2019/2190z1/201903/t20190302_800158455. html.

是加快建成平等面向每个人的教育，三是加快建成适合每个人的教育，四是加快建成更加开放灵活的教育体系；2021年全国职业教育大会提出建设技能型社会的理念和战略。新时代新使命，打造面向人人、惠及人人、适合人人的终身教育体系，建立各类人才价值均可得到体现和尊重的人才评价制度比任何时候都更为重要，更为迫切。

资历框架作为促进和评价人的全面发展、终身发展和技能发展，推动建设教育强国、人力资源强国和技能型社会的重要政策工具，其战略意义和现实价值已被广泛接受。采用数字化技术建设资历名册实现资历框架的价值和推动人才评价改革是国际通行做法，也是让社会成员感知资历框架功能的具体方案。资历名册是载列所有通过质量保障及获资历框架认可资历的公开资料库，供社会成员查阅并进行终身学习。

2021年广东启动了资历名册的建设，明确了资历名册建设的价值指向、建设原则和建设策略。

二、资历名册建设的价值意蕴

通过建设资历名册来实施资历框架，实现终身学习和人才多元评价是国际通行做法，英国、新西兰等国家及中国香港地区均在推行资历框架的同时启动了资历名册的建设。资历名册是资历框架内涵和功能的具象化，是社会成员感知资历框架功能的具体方案。按照质量保障要求对现有资历进行整理与分类，符合要求的资历进入资历名册，所以资历名册是一个存储有质量保障、资历框架认可的资历的一个公开的数据库，旨在构建知识学业、技能培训、岗位能力等各类资历相互衔接的终身学习"立交桥"。

（一）全民终身学习的公共平台

资历名册由资历框架下有质量保障的资历组成，具体是指将资历框架下普通教育、职业教育、培训及业绩等资历通过等级标准、行业能力标准、质量保障制度等进行整理与分类而形成的多元化资历。设立资历名册的目的是让学习者方便快捷地查阅有质量保障的资历，并规划成长的路径。从宏观角度看，资历名册营造了人人努力成才、人人皆可成才、人人尽展其才的终身学习氛围，诠释了开放、全民、终身、灵活和便捷的终身教育理念。从微观角度，资历名册详尽地罗列了资历的学习要求、能力要求、考核要求、适用范围、质量保障及资历所属机构的相关情况，为学习者提供了清晰透明、灵活多样的终身学习通道。① 另外，用人单位可以根据资历名册中的资历及能力要求策划及管理人力资源，更有效地开展员工培训，有针对性地提升员工的能力和水平；教育培训机构可以利用资历名册去提高人才培养质量，宣传推广其所提供的资历及课程。总而言之，资历名册聚焦服务终身学习，整合了资历框架下有质量保障的各级各类资历的资源和要求，让学习者、用人单位和教育培训机构感知资历框架下政策的红利及成长的便利。

（二）　人才评价改革的助推器

国外关于人才评价主要围绕三个维度展开：一是认知能力、人格特质、战略思考及情商、行为动机等潜质；二是适应性、学习能力和职业理想；三是相关的专业知识及职业必备技能。常用的评价方法是绩效考核，其中产出结果是一个重要的考核指标②，从中看出国外人才评价比较关注的问题是能力、绩效、产出。我国经过长期探索、改革和实践已逐步形成与国际接轨并具有中国特色的人才评价制度，并逐渐步入科学化、社会化、多元化的发展轨道。人才评价内容聚焦"破五唯"。近年来出台《关于深化人才发展体制机制改革的意见》《关于分类推进人才评价机制改革的指导意见》《关于改革完善技能人才评价制度的意见》《深化新时代教育评价改革总体方案》等文件，提出要更好发挥人才评价"指挥棒"作用，强调加快建设以品德、业绩和能力为核心的人才评价机制。全国职业大会提出建设技能型社会的理念和战略后，建立健全以职业资格评价、职业技能等级认定和职业能力考核等为主要内容的技能人才评价制度③成为探索和研究的热点并取得了积极进展，但技能人才评价方法仍需探索和改进。资历名册具有质量性、成效性、清晰性、具体性与灵活性等特点，它以能力为核心，把学历教育和非学历教育按照质量要求和等级标准整理和归纳到资历名册中并统一匹配资历等级。在国家相关政策的推动下，各行各业将逐步形成将资历等级作为学业提升和职业晋升的依据，从而形成有利于技术技能人才成长的制度环境和评价方法，让各类人才在资历名册中都可以找到自己的位置和最合适的成长途径。

---

① 香港特别行政区政府教育局. 资历名册用处［EB/OL］.［2024-06-29］. https://www.hkqr.gov.hk/HKQRPRD/web/hkqr-sc/about/Introduction/usesOfQR/.
② 刘颖. 构建多元化创新科技人才评价体系［J］. 中国行政管理, 2019（5）：90-95.
③ 人力资源社会保障部关于改革完善技能人才评价制度的意见［Z］. 2019-08-19.

（三） 粤港澳教育共同体建设的重要载体

《粤港澳大湾区发展规划纲要》将"推动教育合作发展"作为关键举措，提出"为人才跨地区、跨行业、跨体制流动提供便利条件"。粤港澳三地地缘相近，人文相亲，经济相融，文化相同，发展相依，在历史上本来就从属于统一的岭南经济文化单元①，建设粤港澳大湾区教育共同体（以下简称"粤港澳教育共同体"）既是国家战略也是历史文化的传承，是推动大湾区教育事业和人力资源共同发展的先行策略。② 构建粤港澳教育共同体的实质是破除大湾区内部阻碍教育资源自由流动的体制性障碍，促进区域内不同教育主体、资源等要素之间的顺畅流通。③资历框架的资历等级、资历学分、等级标准、质量保障等构成的标准体系是国际通用的，为大湾区资历和学分互认、人才流动提供了标尺和参考，为构建粤港澳教育共同体提供了制度基础。资历名册作为实施资历框架的重要载体，在推动粤港澳教育共同体的形成方面将起到如下作用：一是能有效利用大湾区各自优势资源，开放共享各自的学科、专业、证书、课程、项目或资历，实现了资历和学分互认，为大湾区跨境跨校学习创造条件，为大湾区人才流动奠定基础。二是促进了大湾区教育融合发展，港澳地区教育国际化程度较高，其资历以学习者为中心，以能力为导向，崇尚开放式学习，能给内地教育带来富有开创性的教学理念和教学方法，而广东资历类型多，资源条件较好，发展势头好，学习成本较低，就业机会多，可以从深度和广度等方面来拓展港澳教育资源和办学空间。

三、资历名册的建设原则

资历名册是资历框架内涵和功能的具象化，资历名册建设应以资历框架及其标准体系为核心，以服务全民终身学习、推进人才评价改革和建设粤港澳教育共同体等为目标。建设资历名册主要包括如下原则。

（一） 全民性和终身性

2016 年，联合国在《2030 年可持续发展议程》中提出"确保包容和公平的优质教育，让全民终身享有学习机会"，资历名册建设要满足每一位学

---

① ③ 朱建成. 粤港澳高等教育共同体建设的探讨 [J]. 高教探索，2009（6）：77－80.
② 王志强，焦磊，郑静雯. 粤港澳大湾区高等教育共同体的蕴意、价值与生成 [J]. 高教探索，2021（1）：37－43.

习者不同阶段、不同类型的需求，资历设置要满足一般学习者和技能人才的升学和就业的需要，还要考虑在社会、经济或学历上处于弱势地位的群体的成长需求。

（二）　透明性和清晰性

资历名册作为学习者终身学习的指引，资历名册要清晰准确地反映其学习时间及难度、深度和复杂度，明确资历学分和资历等级。资历学分反映学习需要的时间，资历等级反映学习的深度和复杂程度，资历级别越高，深度和复杂程度就越高。如资历框架分为 1~7 等级，分别对应学历体制的小学、初中、高中、专科、本科、硕士和博士，那么 7 级资历（博士）的难度和复杂程度是最高的。

（三）　灵活性和多样性

习近平总书记在 2018 年全国教育大会上提出"要加快建成更加开放灵活的教育，努力使教育选择更多样、成长道路更宽广，使学业提升通道、职业晋升通道、社会上升通道更加畅通"。在终身学习已成为全球教育共同价值追求的背景下，教育应为广大社会成员包括各种不同潜能的人提供最大限度地开发自身才能的学习机会和成长途径[①]，要让不同基础的学习者在资历名册中都能找到多个出入口的终身学习途径。[②] 作为支撑全民终身学习的大平台，资历名册要有灵活性和多样性。如图 5-5 所示，资历名册中除了提供了学历成长通道外，也为各种不同潜能的群体提供了不同的成长选择。如在岗位上积累了知识和能力或在行业内取得重要业绩的人可以选择岗位资历，拥有专业和技术技能的群体可选择等同学历的国家职业资格证书、职业技能等级证书或专项职业能力证书等学习或成长路径。

---

① 郝克明. 学分认证、转换制度与终身学习：在 2016 构建终身学习立交桥和学分银行系统学术论坛（南京）上的发言 [J]. 终身教育研究，2017，28（2）：6-10.
② 杨健明，陈东山. 终身教育的立交桥：香港资历架构的体系和实践 [J]. 北京广播电视大学学报，2013（3）：10.

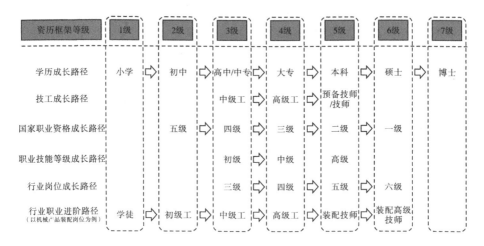

资历框架等级	1级	2级	3级	4级	5级	6级	7级
学历成长路径	小学	初中	高中/中专	大专	本科	硕士	博士
技工成长路径			中级工	高级工	预备技师/技师		
国家职业资格成长路径		五级	四级	三级	二级	一级	
职业技能等级成长路径			初级	中级	高级		
行业岗位成长路径			三级	四级	五级	六级	
行业职业进阶路径（以机械产品装配岗位为例）	学徒	初级工	中级工	高级工	装配技师	装配高级技师	

图5-5 资历名册中灵活多样的成长路径

（四）实用性和职业性

满足劳动力市场需求是资历框架的价值取向，所以进入资历名册的资历具有实用性和职业性，可以了解岗位需要的知识、技能和能力水平，明晰资历可能或者适合从事的职业及职业发展方向。资历名册中的资历一般要与《大典》中的职业或岗位匹配，每个职业或岗位与国家职业技能标准、行业能力标准、职业技能等级证书标准、国家职业资格证书标准等相关标准对接。所以从这个角度来看，资历不但是学习者的学习指引，还是学习者实用的职业发展指引，资历级别高或资历学分多，能匹配的职业或岗位就多，复合型人才的特点就比较明显。

（五）权威性与国际性

统一的等级标准和质量要求使得各类教育、培训及业绩能够在同一标准体系下由第三方机构进行评审并纳入资历名册，确保了资历质量的同一性、权威性和公信力，而资历框架的资历等级、资历学分、等级标准、质量保障等构成的国际通用语言将推动资历名册走向国际，实现资历互认和人才流动。

四、资历名册的建设策略

依据资历名册，社会成员的学历证书及其他学业证书、职业资格证书、职业技能等级证书、专业技术职称证书、企业认证证书、奖励证书、工作经历、课程等各类成果，可按统一的标准体系和质量要求进入资历名册并确定资历等级，资历等级是衡量资历水平的关键和人才评价的依据。资历名册建设遵循以下策略。

（一）　以中国香港地区经验为参照

2005 年，香港资历名册启动建设，2007 年通过《香港学术及职业资历评审条例》（第 592 章、第 1150 章），设立香港评审局作为第三方评审机构负责资历框架下的质量保障工作，委任香港评审局为资历框架下的评审当局及资历名册当局，并对评审当局的设立、构成、职能、权力、评审考核结果的有效期、评定的效力、复检制度、上诉规则等进行了规定。2008 年，香港资历框架、质量保障机制、资历名册同时推出，资历名册以数据库形式提供所有通过质量保障程序的资历供公众免费查询使用。2014 年，资历名册响应香港地区教育局学分累积和转移政策及原则，新增学分累积及转移的功能，增强了院校和课程之间的学分转移及衔接安排的透明度及传播，同年设立资历框架基金，对学习者利用资历名册进行终身学习考核通过后给予不同程度的资助，如果申请过往资历认可通过，则 100% 返还评估费用。2018 年，配合香港地区教育局推广职业和专业教育与培训认受性的新措施，资历名册新增专业资历和职业资历阶梯课程两项资历类别。目前，香港资历名册包括两大类别：一类是经进修课程取得的资历，具体包括持续专业培训计划课程（CPD）、非本地课程（NLP）、《能力标准说明》为本课程（SCS）、《通用（基础）能力说明》为本课程（SGC）、职业阶梯课程（VQP）及其他进修课程；另一类是经评估取得的资历，主要包括专业资历（PQ）和过往资历认可资历（RPL）。截至 2022 年 6 月，共载列 270 个营办机构的 8 625 个资历（见图 5 - 6）。香港资历名册以资历框架及质量保障为核心，以法律制度为框架，以政策为指引，以提升香港人力资源素质为目标，与香港资历框架共生共长共发展，有力地推进了香港资历名册建设的法治性、系统性、开放性、先进性和国际性，香港资历名册建设的政策、程序及工作模式经高等教育质量保证国际网络（INQAAHE）评估已达到国际水平，对资历名册建设具有重要参考价值。一是在国家层面上立法，使资历名册建设有章可循，有法可依；二是成立香港评审局为第三方评审当局及资历名册管理当局，并赋予其对资历名册进行质量评审和管理的法定职能，使资历名册具有极强公信力和生命力；三是质量保障制度与资历框架统筹兼顾，步步推进，有严格评审标准和评审流程，使资历名册中资历的质量具有同一性。

☐ 资历类别
☐ 经进修课程取得的资历
    ☐ 持续专业培训计划课程 CPD
    ☐ 非本地课程 NLP
    ☐ 《能力标准说明》为本课程 SCS
    ☐ 《通用（基础）能力说明》为本课程 SGC
    ☐ 职业阶梯进修课程 VQP
    ☐ 其他进修课程
☐ 经评估取得的资历
    ☐ 专业资历 PQ
    ☐ 过往资历认可资历 RPL

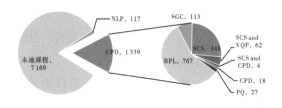

资历名册现有的资历数目（按资历类别划分）

图 5 - 6　香港资历名册

数据来源：https://www.hkqr.gov.hk/HKQRPRD/web/hkqr - sc/about/Statistics/MonthlyFacts_Figures/。

（二）　以资历框架为核心

资历框架主要包括资历类型、资历等级及等级标准等核心内容。资历名册建设首先要符合资历框架的制度逻辑和理论逻辑，资历类别划分要与资历框架的资历类型、资历级别及等级标准的要求保持一致。要体现终身学习理念，突出"劳动光荣、技能宝贵、创造伟大"价值取向和时代风尚。其次要对资历名册类别进行划分，主要划分为学业资历、培训资历和业绩资历（见图 5 -7），其中培训资历、业绩资历主要聚焦体现技术技能人才的价值。学业资历包括普通教育和职业教育相关毕业证书或学位证书；培训资历也可称作课程资历，包括院校非学历教育培训证书、培训机构培训证书、企业培训（认证）证书；业绩资历包括国家职业资格证书、职业技能等级证书、专业技术资格证书、行业证书、技工教育毕业证书、省级或以上的竞赛奖励，如五一劳动奖章、科技进步奖、技能大赛、技能大奖、技术能手等成果类资历，还包括反映岗位积累的知识和能力的岗位资历。最后，需要强调的是资历名册建设还要符合资历框架下学习成果与资历的关系逻辑。资历名册以资历为单位，资历是根据相关规则对个人所获得的学习成果进行评定，并由政府正式颁发或认可的学历、学位、培训及业绩证书等。学习成果不一定是资历，具体要看学习成果是否达到资历学分要求和知识、技能和能力等是否满足质量方面的要求。资历一般来说是学历、文凭和证书，学习成果除此以外还包括实习实践、志愿服务、创新创业、科学研究、社会服务、文化传承或竞赛奖励等。

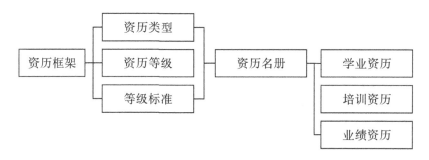

图 5 - 7 广东资历名册的资历类别

（三） 以质量保障为前提

质量是确保资历名册公信力、权威性和生命力的关键。为了确保进入资历名册的资历质量的同一性，进入资历名册的资历必须经过质量保障程序并且满足质量标准。资历名册进入方式可分为直接进入、匹配进入和评审进入（见图 5 - 8）。一是有国家质量保障的学业资历，直接进入资历名册。学历教育由教育部备案审批，办学主体有内部质量保障制度。各级学历教育学业证书（含全日制及非全日制），包括小学、初中、高中（中职/中技）、专科（高职）、本科、硕士、博士学业证书直接进入资历名册。二是没有国家质量保障的院校非学历教育培训证书、培训机构培训证书、企业培训（认证）证书等课程资历，根据质量保障制度按照评审标准评审后进入资历名册，课程资历执行四级递进质量保障程序。三是业绩资历，它包括有国家质量保障的成果类资历和岗位类资历，成果类资历与等级标准对标后匹配进入资历名册，它们一般具有国家层面的质量要求并经过政府相关专业机构评审或考核而获得。另外需要指出的是，岗位资历属于业绩资历中比较特别的一个类别，它经岗位资历评估机构评审后进入资历名册。

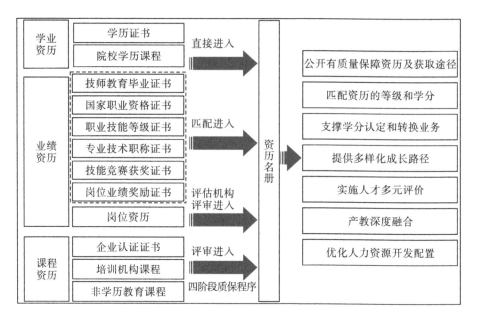

图 5 - 8　资历名册建设全景图

综上可见，资历名册按照一定的程序和评审标准对现有资历整理与归纳后匹配资历等级，并公开供社会成员查阅使用，资历等级成为衡量资历水平的依据，增加资历透明度、规范性、多元性，确保了资历框架下资历质量的同一性，凸显了终身教育的终身性、全民性和灵活性。对社会成员而言，资历名册提供了多样化、灵活性的成长通道，学历类、证书类、技能类和成果类资历具有同等地位，为新时代人才评价改革提供了以资历等级为依据的评价方法，为破除"唯文凭"的顽瘴痼疾、打造符合技术技能人才成长规律的职业教育制度体系提供了具体方向，凸显了职业教育与普通教育具有同等重要地位的核心内涵。同时资历名册使用统一的标准和质量要求把教育口、人社口等各级各类资历融合到一个平台进行管理、建设与运用，有助于产教深度融合，提高人才培养质量，并为开展有质量保障的学分认定和转换奠定基础。

（四）以符合实际为基础

根据香港资历名册建设经验，资历名册建设一要立法，二要有严格的质量保障制度，三要成立第三方评审机构。但粤港社会制度、人文环境、教育体制等方面存在较大的差异，建立质量保障制度是可行和必要的，但以法律形式建设资历名册、成立第三方评审机构和管理机构是比较困难的。现阶段资历名册建设采用了如下两个建设策略。

1. 制定资历名册管理制度

立法和制定制度都是提高社会治理水平的有效手段，制度的效力和影响力肯定远远小于法律，但在国家层面还没有建立资历框架的情况下，立法难度大、耗时长，而制定制度难度小、易执行，符合实际。通过制定资历名册管理制度明确资历名册的政府属性、建设原则、管理机构及其权限是目前比较有效的方法。管理制度从两方面提升其效力和影响力：一是发布主体，资历名册是构建服务全民终身学习的重要平台，为凸显其政府属性，资历名册管理办法的发布主体一定是当地政府或教育行政主管部门。二是发布形式，资历名册制度属于"公民、法人或者其他组织具有普遍约束力的，可以反复适用的文件"，建议由当地政府以规范性文件形式发布，同时资历名册"涉及重大公共利益、与人民群众切身利益密切相关的，应当在门户网站或者通过其他媒体向社会公开文件草案征求意见"。[①]

2. 建设质量保障机制

质量保障是资历名册可持续发展的前提，建立符合我国实际的管办评分离的质量保障机制，为业绩资历、培训资历进入资历名册奠定制度基础。一是要建立评审标准和评审流程，就资历所在机构是否有能力达到其设定的目标或资历的知识、技能和能力是否达到特定标准进行评审，同时要引导机构建立自我评价和自我监察能力，逐步建立并提升其内部质量保障的能力，从而最终改善其人才培养的质量。二是设立政府认可的第三方评审机构负责资历名册的质量保障和资历名册的管理工作。

（五）以资历等级为关键

资历名册把学业资历、培训资历和业绩资历均按等级标准和质量要求转换为资历等级，学业类资历根据资历框架中的对应关系确定资历等级，小学、初中、中职/中技、高职、应用本科或学士、研究生或专业型硕士、研究生或专业型博士分别对应资历等级 1~7 级；业绩类资历与等级标准对标后匹配资历等级或经评估机构评审后确定资历等级，如国家职业资格证书五级到一级可匹配资历等级 2 级（相当于初中）至 6 级（相当于硕士），如技工教育中级工、高级工、预备技师（技师）可匹配资历等级 3 级（相当于高中/中职）、4 级（相当于专科/高职）、5 级（相当于本科），资历等级成为衡量知识、技能和能力的关键指标与人才评聘的重要依据，是推动新时代人才评价

改革、构建技能型社会、体现终身教育理念的积极探索和有价值的实践。

（六） 以资历学分为基石

学分概念通常用于院校，但各院校可能会有不同学分制度，学分与学时之间的关系也就存在差异，目前各院校 1 学分有等于 16、18、36 个学时等不同的规定。资历学分从资历的总学习量方面统一了要求，它通常用学习时数（即学时）来表示：1 个资历学分相当于 10 个学时，包括面授课、实验实践、自学、考试等环节的所有时间。资历学分是资历框架下的"通用货币"[①]，是资历名册的基石，如何应用好这个"通用货币"呢？广东学分银行采用了以下三个举措：第一，做好顶层设计，所有进入资历名册的学历或学业型资历都要登记资历所需要的资历学分，帮助学习者了解资历的学习量，增加清晰度和透明度。第二，建立资历学分认可机制，建立认定、积累和转换制度，不但认可资历名册内资历学分，也要认可资历名册外学习成果的资历学分，如职业培训取得的学分。理论上，受教育者在不同地点、不同学习环境和不同时间通过正规、非正规或非正式学习而获取学习成果，只要学习成果能够适当地核实及评估，学习成果体现的资历学分便应该获得认可，从而进一步拓宽学习者的成长路径，提高学习效率，减少重复学习，形成学习者可以自由进出学历或学业教育体系的机制。第三，建设认定、积累及转换数据库，公开认定、积累及转换相关数据与互认协议等，增加信息透明度，促进院校间或专业间的学分互认。欧盟、澳大利亚、新西兰等国，以及中国香港等地区都建立了资历框架下认定、积累和转换制度。2012 年 10 月，香港地区教育局宣布实施资历学分，2014 年 7 月颁布《香港资历框架学分累积与转移：政策及原则》，截至 2024 年 6 月，资历名册上有 2 082 个资历有学分累积及转移安排，占资历总数的 22.4%。

（七） 以评价改革为焦点

新《职业教育法》为"破五唯"提供了行动指南和法律依据，以实施职业能力为导向，为强化技术技能做贡献，淡化学历要求，突出工作业绩，让各类人才价值得到充分尊重和体现[②]的人才评价改革提供了依据。资历名册

① 彭炳鸿. 香港资历架构和学分互认的理念与运作 [J]. 终身教育研究，2017，28（4）：58 – 61.
② 广东省人力资源和社会保障厅. 关于进一步加强高技能人才与专业技术人才职业发展贯通的实施方案 [Z]. 2022 – 03 – 25.

建设要以此为契机，深入实施资历框架下新时代人才评价改革制度。一要更深更广推进学业证书、培训证书、职业资格证书和职业技能等级证书等技术技能类资历进入资历名册并匹配资历等级，让军队职业技能等级证书，世界技能大赛金、银、铜牌选手及指导专家、教练，中华技能大奖、全国技术能手或南粤技术能手，国家级技能大师工作室负责人，享受省级以上政府特殊津贴的优秀高技能人才等按证书和成果分类逐步纳入资历名册并匹配资历等级。二要推动政府出台政策实施资历等级制度，鼓励社会成员通过资历名册进行终身学习和提升资历，鼓励用人单位以资历等级作为岗位聘任的重要依据，鼓励教育培训机构认可受教育者的资历等级或资历学分，从而赋能学习者、行业企业、政府管理部门、用人单位，推进大湾区教育共同体建设等。三要创新发展资历名册，要研究和推出适合复合型人才发展、适合新兴产业专项技能人才发展的相关资历，要健全完善新时代技能人才职业技能等级制度并实施学徒工、特级技师、首席技师资历，从而形成由学徒工、初级工、中级工、高级工、技师、高级技师、特级技师、首席技师构成的职业技能等级（岗位）序列。另外，目前资历框架包括国际上主流资历框架的最高资历等级是博士资历，但博士资历不足以反映我国卓越人才和高精尖人才的社会价值，资历框架需要创新发展中国特色的资历等级制度，研究并设计博士资历等级（7级）之上的资历等级（如8级、9级），让高精尖群体也能在资历名册中找到相应的位置，让资历名册真正成为伴随每个人一生、平等面向每个人、适合每个人、真实反映每个人价值的更加开放灵活的支撑全民终身学习和全民终身发展的大平台。

❀ 第三节　终身学习电子档案的建设

党的二十大报告提出"推进教育数字化，建设全民终身学习的学习型社会、学习型大国"。[①] 教育数字化正以前所未有的速度在深刻改变着人类的学

---

① 习近平. 高举中国特色社会主义伟大旗帜　为全面建设社会主义现代化国家而团结奋斗：在中国共产党第二十次全国代表大会上的报告 [M]. 北京：学习出版社，2022：26.

习方式、教育方式、思维方式和生活方式。① 在此背景下，终身学习电子档案作为服务全民终身学习和学习型社会建设的一项基础性、战略性任务，更应努力开辟和发展新领域新赛道，赋能学习型社会建设。

传统的学习档案是学习者的学习成果记录，一般包括学习成长档案和职业生涯规划发展档案。其中学习成长档案主要是为了给学校的教学管理和学生管理工作提供依据，基本等同于学生档案，即学生自入学起至毕业离校时在校期间的考试成绩、授位情况等原始记录②，主要包括个人信息、成绩表、学籍表、学籍变更、奖励、处分等各种历史记录材料。职业生涯规划发展档案是将学生职业发展过程中有价值的资料如实践活动、实习经历等进行记录与储存，为指导或评价学生职业能力与职业素养提供依据。③ 然而，传统档案管理模式下的学习档案管理工作效率较低，档案来源渠道繁杂，认证方式烦琐，用户体验差，难以体现以学习者为中心的服务理念，学习档案管理并不能够发挥出应有的作用。④ 另外，以上两种学习档案局限于学校正规学习的学生学习活动记录。随着数字技术的发展和海量在线学习资源的出现，终身学习理念和实践发生了根本性的变革，人们的学习范围从学校的正规学习扩展到学校以外的非正规学习和非正式学习。因此，秉持价值取向、摆脱实践困境和创新推进路径成为终身学习电子档案在创造数字化新领域新赛道进程中的新议题。

一、终身学习电子档案的概念内涵

海伦·巴雷特（Helen Barrett）是发展电子档案的先驱者之一。1994 年她提出将电子档案分为"从建构主义角度记录学生进步的工作档案"和"从基于能力的角度展示学生取得成就的正式档案"两种类型。1996 年沃特金斯（Watkins）进一步发展了电子档案作为超文本的理念，他认为电子档案既是个人的，也是公开的，电子档案是为学生、为某些特定的群体以及档案评价

① 怀进鹏. 数字变革与教育未来：在世界数字教育大会上的主旨演讲 [J]. 中国教育信息化，2023，29（3）.
② 王子鹏. 基于个人生命历程的终身学习档案区块链管理模型设计 [J]. 兰台世界，2021（2）.
③ 王蕾，江宇. 大学生职业生涯规划成长电子档案的建构与作用 [J]. 吉林工程技术师范学院学报，2020，36（1）：58 - 60.
④ 陈健. 基于数字化背景下学生档案的管理研究 [J]. 科技视界，2022（1）：68 - 69.

者创建和存放在万维网上的超链接电子文本。① 之后，电子档案在英、美等国家得到广泛应用，用途进一步扩大。它不仅用于记录常规的学习活动，而且也用于记录学生的志愿活动、社团活动、体育活动、职业活动等。我国王佑镁等对电子档案相关理论和应用也开展了系统研究，他认为电子档案是运用信息手段表现和展示学习者在学习过程中的学习活动、学习成果、学习业绩、学业进步的一种集合体。②

随着终身学习理念的传播和推广，电子档案在终身学习中的应用开始受到重视，内涵不断丰富。2002 年欧洲 e-Learning 联盟、美国明尼苏达州等先后发起普及终身学习电子档案活动，不仅支持记录正规学习成果，还鼓励用户记录他们在工作、家庭和社区中开展的非正规非正式的学习成果。③ 在我国，随着学分银行建设的兴起、人才观的变化、技术与教育的融合，终身学习电子档案的应用也日渐升温，范围遍及中小学教育、职业教育、高等教育和继续教育。④ 2016 年发布的《教育部关于办好开放大学的意见》、2018 年发布的《教育信息化 2.0 行动计划》等政策文本明确终身学习电子档案一人一档、终身有效，经授权后可供用人单位、教育机构查询使用。它存储个人信息、学习经历、学习成果及转换记录等信息，涵盖学习者不同阶段的正规教育、非正规教育和非正式教育的学习成果。

综上，终身学习电子档案是社会成员在终身学习活动中产生的档案，具体是指运用数字化技术手段记录社会成员在正规教育、非正规教育和非正式教育中的学习成果，包括学生的基本情况、学习经历、学习过程、能力成就、职业技能、职业素养、学习成果及转换记录等方面的信息，是学习者终身学习的记忆图谱，是学习者升学、求职等关键人生节点不可替代的工具和凭证，是新时代连接学习者以及教育培训机构、用人单位等组织的桥梁和纽带。

① 法雷尔，张永胜，肖俊洪. 高等教育档案袋的演变：过去、现在和未来 [J]. 中国远程教育，2021 (4)：42 - 55，77.
② 王佑镁. 电子学档：信息化教学的新思路 [J]. 中国电化教育，2002 (10)：18 - 22.
③ 余平，祝智庭. 终身学习电子档案技术标准比较与信息模型设计 [J]. 开放教育研究，2016，22 (3)：107 - 115.
④ 史考利，奥利里，布朗，等. 学习档案袋在高等教育中的应用：蛇与梯子的游戏 [J]. 中国远程教育，2018 (9)：38 - 52，79 - 80.

二、终身学习电子档案建设的价值取向

（一）服务人的全面发展

"营造人人努力成才、人人皆可成才、人人尽展其才的良好社会氛围"是新时代的新任务，这也为终身学习电子档案建设提供了根本遵循，促进其在服务人人全面发展的终身学习氛围方面精准发力。如应用智能信息技术汇聚资源，融通数据，创新应用，挖掘数据背后隐藏的学习行为、学习特征、学习能力及成长规律，为学习者持续终身学习、职业发展、升学就业等提供方向与动力，切实增强学习者的职业发展力、学历提升力、社会上升力，更公平、更多元、更个性化地服务学习者的成长成才和尽展其才。

（二）构建权威可信的终身学习凭证

学习者在不同阶段的学习成果存在多样性和复杂性，目前缺乏对终身学习档案的有效管理手段和查证方式①，从而导致很多学历造假、履历信息失真等乱象，增加了社会运行成本。终身学习电子档案可从管理和技术层面实现权威性和公信力。管理层面是指终身学习电子档案中的学历、职业技能方面的数据通过对接国务院相关部委、各省相关厅委局等官方渠道获取，其他数据需要第三方评审机构根据质量标准进行评审。技术层面是指利用区块链技术的去中心化、时序数据、不可篡改、可追溯等特征为终身学习电子档案保驾护航。

（三）赋能人力资源建设

终身学习电子档案沉淀的是海量数据宝藏，有了数字技术的加持，终身学习电子档案在赋能人力资源的开发、优化人力资源配置、助力技能型人才建设等方面也将发挥重要作用，包括为政府部门提供人力资源情况、人力资源建设标准、人力资源建设结构等核心内容，建立规则引导学习者根据社会发展需要成长，推行以能力和业绩为导向的人才评价制度，拓宽技术技能人才成长通道等。

---

① 王子鹏. 基于个人生命历程的终身学习档案区块链管理模型设计［J］. 兰台世界，2021（2）：69-72.

三、终身学习电子档案建设的实践困境

上海市、重庆市、广东省、江苏省等地先后建立了数量庞大的终身学习电子档案，但从实施的情况来看，大部分账户处于冻结或封存状态，正面临着"无人想用""无处可用"的现实困境。① 究其原因，一是缺乏顶层设计，建设逻辑混乱。终身学习电子档案是引领学习型社会建设的基础性工作，是全民终身学习的新起点，教育数字化下的终身学习电子档案建设更应具有前瞻性和想象力，需要面向未来，进行系统思考、顶层设计。因我国还没有建立国家层面的资历框架，各地终身学习电子档案建设没有统一标准，各地基本上就是学籍数据的选择性导入，没有要素重组，没有流程再造，没有价值重塑，没有场景创新，"人们往往习惯把先进的技术纳入旧有的轨道为已有的教育教学场景服务"②，因而导致各地绝大部分的终身学习档案建设仅仅是学籍数据静态的、无序地大量堆积，毫无应用价值可言。二是重技术应用，轻人的发展。终身学习是以服务人的全面发展为目的，而人的发展要通过内因起作用。终身学习电子档案如果仅仅是学习成果的联结，不能与人的思想情感联系起来，不能激活人的主观能动性和人的潜能，其作用是非常有限的。对于数据的管理，人们较多关注便捷性、高效性和易用性，但对于从数据治理的角度挖掘数据的价值、开发人的潜能则鲜有提及。20 世纪 90 年代中期设计师唐纳德·诺曼（Donald Norman）提出："一个良好的产品能同时增强心灵和思想的感受，使用户拥有愉悦的感觉去欣赏、使用和拥有它。"唐纳德·诺曼认为要从人的思维和心灵层面来考虑改变"技术主导人"的现状，回归以人为本，立足如何开发人的潜能。③ 三是应用场景和价值场景少，用户黏度低。如前所述，目前终身学习电子档案绝大多数是一个静态的数据仓库，而我们知道，数据本身是没有价值的，数据和数据只有连起来、串起来，和价值场景融合起来才会有价值，才会有吸引力。2007 年 5 月当代生态思想家张荣寰就提出"全生态连接一切，赋能于人，形成生命共同体"的观点，

---

① 朱龙博. 赋能终身学习力发展：个人学习账户的意涵嬗变与未来出路 [J]. 教育与职业，2022（17）：85-92.

② 袁振国. 教育数字化转型：转什么，怎么转 [J]. 华东师范大学学报（教育科学版），2023，41（3）：1-11.

③ 诺曼：一个新世界里贸然出现的先知 [EB/OL]. (2016-12-13) [2024-06-29]. https://baike.baidu.com/tashuo/browse/content?id=cbfa87f1ee10eae383e2e3bf.

他认为应"以开放、包容、共享建平台；以生态、联动、赋能建系统"，同理，终身学习电子档案只有连接、开放、共享、赋能，应用场景和价值场景才能不断地拓宽和丰富，终身学习也才能更具吸引力。

四、终身学习电子档案建设的推进路径

数字化是引领未来的新浪潮，教育与数字的碰撞，将奏出人类文明教育更优美的乐章。[①] 终身学习电子档案作为服务全民终身学习和学习型社会建设的一项基础性和战略性任务，在学习者学业提升、职业晋升和社会上升等关键人生节点发挥着不可替代的作用，在数字化时代其作用和优势尤为凸显。广东学分银行以此为发展契机，秉持服务学习者全面发展、赋能终身学习和新时代人力资源建设等价值取向，认真做好顶层设计，致力摆脱实践面临的瓶颈和困境，运用新理念新技术新场景，丰富和提升终身教育体系在数字化时代的服务能力和社会价值，助推教育数字化、服务智能化、成长个性化、学习社会化和终身化。

（一）设计与分析

1. 以资历框架为内在逻辑

根据经济合作与发展组织（OECD）的观点，资历框架是根据知识、技能和能力的要求，构建成的一个连续的、可被认可的资历阶梯。资历框架表明了资历的不同级别和不同资历的可比性。[②] 终身学习电子档案建设作为广东学分银行的基础建设，作为服务学习者成长的工具，应有共同的标准参照，应遵循广东资历框架的内在逻辑和核心理念，以资历等级的形式反映不同类型的学习成果在知识、技能和能力方面的深度和复杂度，为后续各类智能化服务和资历认证奠定基础。

2. 以质量有保障为内在要求

质量保障是终身学习档案获得社会认同和具有公信力的关键，所以必须按照资历框架质量保障要求，制定终身学习档案建设标准，进一步明确什么类型的学习成果、经过什么程序、符合什么标准才能进入终身学习档案库。

---

① 怀进鹏. 数字变革与教育未来：在世界数字教育大会上的主旨演讲 [J]. 中国教育信息化，2023，29（3）：3-10.
② 张伟远，段承贵. 终身学习立交桥建构的国际发展和比较分析 [J]. 中国远程教育，2013（9）：9-15.

3. 以全纳为建设宗旨

终身教育是贯穿人的一生的教育，即包括从幼年到老年的所有正规、非正规和正式、非正式的教育。终身学习档案应该覆盖所有人群，涵盖所有的教育类型，包括基础教育、职业教育、高等教育、继续教育、社区（老年）教育，以及国家职业资格证书、职业技能等级证书、职业培训、创新创业、科学研究、社会服务、企业认证证书、文化传承、职业经历、专利版权等体现学习者能力业绩类的学习成果。

（二）对接与汇聚

终身学习档案是个人终身学习经历与学习成果的汇聚地，其数据的获取主要有三种方式。一是对接存入。对接存入的学习成果是有质量保障的，根据国家共享清单内容，与国家部委、各省厅委局等相关政府管理部门通过有关官方渠道对接获取。对接存入的学习成果类型包括：各级学历教育学业证书（含全日制及非全日制，包括成人教育、网络教育、开放教育、自学考试），技能（培训）类学习成果（如国家职业资格证书、职业技能等级证书、企业认证证书、技能竞赛获奖证书等）。二是批量存入。批量存入主要指各类院校的学历教育课程（该部分有质量保障），以及通过质量评审的各类院校非学历教育课程、培训机构课程等学习成果的存入。三是学习者个人自主存入。学习者可以申请存入反映个人特色和能力水平的其他学习成果，如学术论文、科研项目、发明专利、工作经验、职业培训、文化传承等，该部分成果需要经过质量评审。

图5-9是终身学习档案建设全景图，由图可见，学习者首先通过身份识别系统实名验证后进入学分银行自动建立终身学习账号，然后对接教育培训机构及相关部委数据获取个人终身学习的全链条数据，建立终身学习账户并存入学习成果，当然，终身学习档案也包括教育培训机构批量导入和学习者自主添加的学术论文、科研成果等比较有标识性的业绩类成果等。终身学习档案建立后与国家学科专业目录、职业分类大典、国民经济行业分类、资历名册等对接获取资历所属学科、专业、职业、资历等级、资历学分等相关数据，实现数据联动，可实现为学习者提供成果展示厅、资历画像、学分认定和转换、数字简历、资历等级证明书等多层次、多维度或多种目的、多种形式的服务。

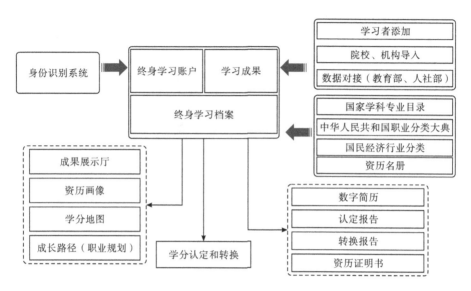

图 5-9　终身学习档案建设全景图

（三）融通与应用

终身学习档案与学科专业、职业分类、就业网、招聘网对接后获取学习成果所属学科、专业、职业、岗位及能力要求、人才政策等信息，广东学分银行聚焦学习者的核心诉求，运用人工智能技术、数据治理等新技术和新方法进行深度挖掘，对学习者的学习意愿、学习方向、学习目标、学习能力、学习特点、职业发展等实现显性化，打造了一系列个性化和智能化的应用场景，逐渐增强用户黏度，终身学习档案成为支撑学习者升学、就业、生活不可或缺的重要工具，成为推动教育数字化、学习型社会建设的重要力量。终身学习档案的应用场景和价值场景主要包括学习成果展示厅、资历画像、学分地图、学业或职业发展建议、资历认证平台、领导驾驶舱等，具体内涵详见本章第一节终身学习新服务相关内容，本处不再赘述。

（四）评价与激励

终身学习评价与激励机制是调动学习主体终身学习积极性的工作机制，它在充分调动学习者的积极性与主动性的同时，还能促进形成终身学习的长效动力。[①] 广东学分银行虽然在资历画像、学分地图、职业规划等应用场景

---

① 朱龙博. 赋能终身学习力发展：个人学习账户的意涵嬗变与未来出路 [J]. 教育与职业，2022（17）：85-92.

和价值场景中已植入评价与激励的种子，如终身学习综合排名机制、资历认证服务、虚拟认证、点亮学习者学习成果机制、游戏化的通关模式和积分规则等，但要让评价与激励机制落地开花，仍然需要推动出台体系化的制度，建设政府主导、社会组织和市场共同参与的治理体制和多元保障机制，建立符合各类人群特点的实施规则，只有这样才能持续激发学习者的学习热情与学习动力，促使全民持续终身学习的生态形成。

❉ 第四节　虚实结合服务的全面运作

如今是一个智能化的时代，智能化不只是影响工业生产，还会影响社会事务的各个方面，且正在深刻地改变着人类的学习方式、教育方式、思维方式和生活方式。在此背景下，广东学分银行运用信息技术、智能技术建立了两个学分银行[①]：一个是实体学分银行，以体验、宣传推广、线下服务和营造终身学习氛围为核心；另一个是虚拟学分银行，以线上服务、管理和协同发展为焦点。两个学分银行互为基础，互为补充，密切关联，不可分割，虚实结合地推动了让人民满意的数字学分银行建设，体现了以人民为中心的发展思想，彰显了终身教育理念的战略性、时代性、全民性和终身教育实践的前瞻性、先进性和创造性，成为服务学习型社会建设的两个关键着力点。

一、实体学分银行的创建

实体学分银行是集宣传推广、互动体验、业务办理、合作交流、办公运维于一体的面向人人、惠及人人、适合人人的创新综合场所，是一个充满科技感、设计感和未来感的沉浸式、情景式的体验空间。它以强化终身教育的代入感、体验感、获得感和冲动感为使命，立足"天地人和，筑未来梦想"。"天"意指"得天时"，指向建设全民终身学习的学习型社会、学习型大国，促进人人皆学、处处能学、时时可学，全面提升人力资源开发水平，促进人的全面发展等方面的发展战略，它们为推进广东学分银行建设提供了依据，指明了方向。"地"意指"占地利"，指向广东学分银行在服务大湾区建成充

---

① 别敦荣. 学分银行的性质与建设策略 [J]. 终身教育研究，2022，33（4）：14-18.

满活力的世界级城市群、国际科技创新中心、粤港澳深度合作示范区，实现大湾区规则衔接和贯通各类教育，促进人才跨地区、跨行业、跨体制流动等方面的先发探索和地理区位的优势。"人"意指"聚人和"，指向广东学分银行建设聚焦职业教育、高等教育和继续教育协同创新，粤港澳大湾区人才高地、技术技能人才和乡村振兴人才队伍等方面的人才建设。"筑未来梦想"指向构筑广东学分银行未来发展之梦，包括学分银行制度保障、技术支撑、国际发展和服务能力等方面的发展目标。

（一）融入故事的沉浸式体验空间

通过体验认知和认同学分银行价值是建设实体学分银行的首要任务，实体学分银行首先是终身教育多维度的沉浸式体验空间。实体学分银行设计了学习者、行业企业、政府机构和教育培训机构等12大体验区，以学分银行助力技能人才成长、行业企业发展和社会发展等元素贯穿体验流程。实体学分银行采用多点触控、互动传感、立体视觉等技术设计的系列交互式装置，为参观者营造了丰富的代入感、节奏感、体验感和起伏感。沉浸式的参观体验，除了包括学分银行的内涵要义、发展脉络、资历框架、资历名册、质量保障文化、未来发展等普适性体验外，还包括为不同的角色打造的特色化体验，如为学习者提供的学习成果认定和转换、资历画像、学分地图、数字简历、学习路径指引和职业发展规划等定制化服务，为行业企业提供的人才筛选、人才画像、质量评审等特色化服务。

（二）科技赋能的线下服务中心

人工智能算法和声光电系统的灵活运用，让实体学分银行成为一个可以线下提供个性化、智能化和数字化服务的创新场所。实体学分银行设有公共服务业务区，承担着为全体社会成员提供终身教育服务的功能，包括个性化业务流程引导、一对一的人工服务窗口、职业规划咨询室、大数据中心及方便特殊群体使用的自助ATM机等。人工服务窗口为学习者提供建立终身学习档案、学习成果认证线下办理服务，为行业企业、教育培训机构提供资历框架、资历名册等政策的解读、宣传推广、业务洽谈和业务办理服务。自助ATM机为老年人、残疾人等群体提供无障碍便利化服务。大数据中心提供全省人力资源情况、全省受教育情况、终身教育电子档案、服务体系、资历名册、学分认定和转换、各级各类机构参与学分银行建设情况及排名，激励终身学习，营造终身学习氛围并为政府部门决策提供数据支撑。

（三）　创意设计的智慧型启发平台

实体学分银行现代化、智能化和数字化技术的交互，精密工程、机械技术和机械动态图等的结合，极具震撼感和吸引力，淋漓尽致地展现了终身学习的价值和魅力，营造了人人努力成才、人人皆可成才、人人尽展其才的社会氛围，启发了全民终身学习的兴趣和主动性。实体学分银行分为序厅、体验区和未来厅三大部分。序厅深度演绎了终身教育的政府属性和服务国家发展战略的担当；体验区的资历画像有引导学习者不断进行自我评估、激励学习者分享终身学习正能量的排名功能，学分地图有激励学习者主动学习、持续学习并与时代同向同行的创意设计，职业发展规划有推动人力资源建设与社会发展及产业发展相融合、相促进的高远立意，资历名册提供有质量的、多元化的成长路径，学分认定和转换体现终身教育的便捷性和高效性；未来厅呈现了学分银行服务中国式现代化建设进程中的壮美画卷。上述种种都在深刻地启发和激励着所有参观人员要进行终身学习。人人皆学、处处能学、时时可学的学习型社会已然形成，让终身学习成为一种生活方式的时代已经到来。

二、虚拟学分银行的建设

虚拟学分银行是集管理、服务、协同工作功能于一体的基于互联网的信息管理平台，它兼顾业务的完整性、用户体验的便捷性、平台的融通性、生态体系的连贯性，是终身教育体系各种服务应用业务场景的技术支撑。

（一）　学习型社会建设的支撑平台

学习型社会建设的核心任务包括推动各种教育类型、资源、要素多元结合，打通家庭教育、学校教育、社会教育各环节，构建网络化、数字化、个性化、终身化的教育体系，构建人人皆学、处处能学、时时可学的终身学习服务体系。虚拟学分银行通过资历名册（见图5-10），将资历框架下普通教育、职业教育、培训及业绩等来自各级各类教育培训机构的资历根据统一质量要求进行整理与分类，并详尽地罗列资历的学习要求、能力要求、考核要求、适用范围、质量保障及资历所属教育培训机构的相关情况，其中资历可以在级别和水平上相互衔接，从而构建灵活多样的人才成长阶梯，供全体社会成员公开查阅和规划终身学习，推动学习型社会建设。

广东终身教育资历名册是我省储存各类有质量保证、受广东终身教育资历框架认可的资历数据库。

资历类别： 全部　　学业资历　　培训资历　　业绩资历

资历名称 ∨　请输入内容　　　　　　　　　　　　　搜索　　重置　　高级搜索

热门资历： (按资历被查看次数排序)

序号	资历名称	资历类别（资历名称）	资历等级	学分	举办机构
1	中式烹调师（中级）	业绩资历（职业技能等级证书）	3级	--	广东省轻工业技师学院
2	初级保育员	培训资历（培训机构培训证书）	4级	8	广州友好机构
3	技师教育毕业证书（电子商务）	业绩资历（技师教育毕业证书）	5级	--	广州机电技师学院
4	办公应用软件操作员（中级）	业绩资历（职业技能等级证书）	3级	--	广东省职业技能鉴定指导中心
5	网络系统建设与运维（高级）	业绩资历（企业培训认证证书）	3级	--	华为技术有限公司
6	Java程序设计	培训资历（培训机构培训证书）	4级	5	广州康为职业学校
7	茶艺师（中级）	业绩资历（职业技能等级证书）	3级	--	广东省博阳职业培训学院
8	全国计算机等级考试证书（二级）	业绩资历（职业技能等级证书）	3级	--	教育部考试中心

图 5-10　广东终身教育资历名册

（二）　全民终身学习的赋能中心

虚拟学分银行以资历框架为逻辑，通过对接广东省数字政府政务云获取学分银行主要生态数据，形成业务数据供应链，打造学分银行对接、融通与应用的赋能中心。图 5-11 是虚拟学分银行的核心价值场景，由图可见，在资历名册、质量保障机制和生态数据相互作用下，虚拟学分银行成为全民终身学习的赋能中心。一是赋能学习者，运用数字化技术建设终身学习电子档案，实现学习者正规教育、非正规教育和非正式教育学习成果数据的自动对接和动态积累，建立专业、职业、行业和资历的沟通与衔接，为学习者构建成果展厅、资历画像、学分地图和数字简历，提供职业发展规划和岗位资历认证，助力学习者掌握个人终身学习资历价值和选择多元化的成长路径，确保学习者凭资历改变人生成长轨迹，在学业和就业方面获得社会和用人单位的认同；二是赋能教育培训机构，为教育培训机构提供终身学习电子档案管理及学习成果认定、转换服务，助力教育培训机构深化人才培养改革，优化课程设计，提升教学质量；三是赋能用人单位，为用人单位提供学术型人才、技能型人才、经验型人才、复合型人才搜索，结合学习者的资历情况进行岗位推荐，精准触达企业所需人才；四是赋能政府管理部门，为政府部门全面掌握人力资源情况和优化人力资源配置提供数据分析与支撑。

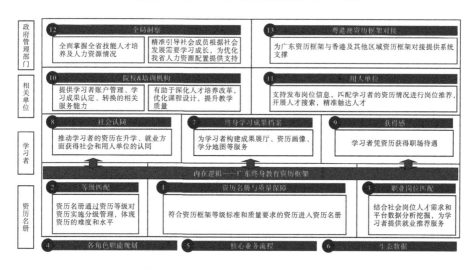

图 5 - 11　虚拟学分银行核心价值场景

（三）　粤港澳协同发展的核心枢纽

粤港澳大湾区是中国开放程度最高、经济活力最强的区域之一，习近平总书记提到"要抓住粤港澳大湾区建设重大历史机遇，推动三地经济运行的规则衔接、机制对接"，粤港澳人口的有序流动和协同发展，将为三地经济发展和社会融合带来深刻的影响。通过虚拟学分银行，构建支撑粤港澳资历框架对接的技术平台，实现资历进入政策及程序、资历框架等级和标准、基于成效为本的学分认可制度、质量保障机制、过往资历认可、行业能力标准、资历名册建设、数字化运作平台等组成部分的对接，推进大湾区教育一体化和学历、学分、专业资格和培训证书等联通、融通和贯通，推动粤港澳教育协同发展。

第六章
广东学分银行的未来发展

　　建立"人人成才、人尽其才"的大教育体系，形成"多元成才、多路径成才"的制度氛围和制度环境，让"人人都有人生出彩的机会"是我国教育现代化的根本要求，也是广东学分银行的初心和使命。广东学分银行在建设进程中坚持以人民为中心的发展思想，充分利用大数据、人工智能、区块链等数字技术，组建多方合作协同治理的组织架构，发布中国内地首个终身教育资历框架，创建资历框架下的信息管理平台、实体中心、资历名册、行业能力标准、质量保障机制、学分认定和转换制度，创新实践成效显著，服务能力日趋完善，粤港澳大湾区合作日益深入，推动了各级各类教育成果、国家职业资格证书、技能等级证书和培训证书等学习成果的认证、积累、转换和运用，初步构建了学业、培训、业绩等各类资历相互衔接的终身学习"立交桥"，为学习型社会建设和大湾区教育合作交流提供了有力支撑。

　　中国式现代化是人口规模巨大的现代化，是全体人民共同富裕的现代化。面向未来，学分银行将继续坚持以人民为中心的思想，开拓创新、勇毅前行，打造制度完善、标准互通、技术先进的终身学习大平台，助推职业教育、高等教育、继续教育协同创新，致力构建服务大湾区终身学习、助力教育强国建设和中国式现代化的区域学分银行，致力让学习成为每个人的生活方式，实现人人皆学、处处能学、时时可学。

✳ 第一节　推动粤港资历框架对接

2017年3月，国务院政府工作报告中首次出现"粤港澳大湾区"；2017年7月，《深化粤港澳合作推进大湾区建设框架协议》对推动大湾区建设做了规划和部署；同年10月，习近平总书记在党的十九大报告中重申"以粤港澳大湾区建设、粤港澳合作、泛珠三角区域合作等为重点，全面推进内地同香港、澳门互利合作"。2019年2月，中共中央、国务院正式颁布《粤港澳大湾区发展规划纲要》（以下简称《规划纲要》），意味着粤港澳区域合作正式上升到全方位对外开放的国家战略，大湾区建设由概念步入实践。《规划纲要》提出"完善国际化人才培养模式，加强人才国际交流合作，推进职业资格国际互认。完善人才激励机制，健全人才双向流动机制，为人才跨地区、跨行业、跨体制流动提供便利条件"。2020年11月，《推进粤港澳大湾区高等教育合作发展规划》明确"探索建立粤港澳大湾区资历框架及其质量保障机制"。2021年3月，《中华人民共和国国民经济和社会发展第十四个五年规划和2035年远景目标纲要》提出"深入推进重点领域规则衔接、机制对接"。大湾区从规划部署到国家战略的前瞻性提出，历时多年。目前大湾区建设如火如荼，已成为我国开放程度最高、经济活力最强的区域之一，越发凸显在国家发展大局中的基础性、长远性和战略性价值。香港、澳门与珠江三角洲九市地域相近、人文相通、联系紧密，粤港澳的教育合作对于大湾区建设具有全局意义。"建国君民，教学为先"（《学记》），大力促进粤港澳的教育合作，找到区域融合发展最为强劲持久的驱动力、最具潜力的新型增长极，发挥教育在"凝聚人心、完善人格、开发人力、培育人才、造福人民"等方面的巨大作用，从而推进大湾区社会、经济、教育、文化等融合发展。

习近平总书记指出"人才是实现民族振兴、赢得国际竞争主动的战略资源"。从世界四大湾区比较来看，大湾区面积最大、人口最多，人才成长潜力均处于领先状态。如果说纽约湾区是"金融湾区"，旧金山湾区是"科技湾区"，东京湾区是"产业湾区"，那么未来粤港澳大湾区的定位就是"人才湾区"。但与国际三大湾区相比，粤港澳大湾区人才质量整体偏低，大湾区大部分核心城市人才国际化程度不高①，亟须加快建设大湾区教育和人才高地。在此宏观背景下，如何推动大湾区教育一体化发展，实现大湾区规则衔接和贯通各类教育，推动人才跨地区、跨行业、跨体制流动是当前值得深入探讨的一个重大课题，也是广东学分银行实现高质量发展的方向。

一、资历框架对接的发展概况

资历框架对接是世界各国（地区）近年来的终身教育改革的重心。资历框架对接即在两个资历框架间寻求对应关系，在两个资历框架间形成一套公开、通用、透明的资历互认工具，为不同国家（地区）学分和资历互认、人才流动提供参照标准，以保障资历和学分互认的公平公正和实质等效。资历框架的对接形式有两种：一种是国家（地区）间直接对接，如我国香港地区资历框架和新西兰资历框架；另一种是建立区域资历框架，使区域内不同国家（地区）的资历框架以此为参照进行对接，其中最为典型的是欧盟资历框架②和东盟资历参照框架③。我国尚未出台国家资历框架，目前关于资历框架对接方面的研究成果极少，但国际资历框架对接的原则和实践比较丰硕，如有 39 个欧洲国家对接欧盟资历框架，10 个东盟国家对接东盟资历参照框架，实现了跨国的资历和学分的互认。我国香港资历框架与欧盟、苏格兰、爱尔兰和新西兰完成了对接，我国香港市民的资历和学分能够与这些国家进行互认和转换，并作为升学和就业的核心依据。

二、粤港资历框架对接的重要意义

（一）粤港资历框架对接是大湾区建设的时代要求

大湾区内部有"两种政治制度、三套法律体系、三种关税区、三套教育体系"，大湾区的教育合作，是一个实践未定型、规律待探索、政策待突破

---

① 全球化智库（CCG），南方国际人才研究院. 南方国际研究院粤港澳大湾区人才发展报告 [S]. 2018.

② 张伟远，傅璇卿. 试析欧盟构建资历和学分跨国互认终身学习体系的运作 [J]. 中国远程教育（综合版），2013（11）：20－26.

③ 张伟远，谢青松，王晓霞. 东盟终身教育资历参照框架和质量保证系统的构建及启示 [J]. 现代远程教育研究，2017（5）：12－20.

的开放性话题。① 广东是推动大湾区建设的重要责任主体，对标大湾区的战略使命，找准切入点，承担广东责任，体现广东担当，做出广东方案是党和国家赋予的新要求、新任务。《规划纲要》提出"充分发挥粤港澳高校联盟的作用，鼓励三地高校探索开展相互承认特定课程学分"和"完善国际化人才培养模式，加强人才国际交流合作，推进职业资格国际互认。完善人才激励机制，健全人才双向流动机制，为人才跨地区、跨行业、跨体制流动提供便利条件"。② 在此背景下，广东省教育厅组织编制的《粤港澳大湾区高等教育合作发展规划》明确了大湾区教育合作发展的顶层设计，并提出"探索构建大湾区资历框架体系""开展各级各类教育与培训学习成果认定、积累和转换""构建更加开放畅通的人才成长通道，推动大湾区人才有序流动"。③由此可见，粤港澳教育合作指向了人才流动、人才国际化和学分资历互认和资历框架，这也是广东学分银行的时代命题。

（二）　粤港资历框架对接是大湾区规则衔接的重要路径

习近平总书记提到"要抓住粤港澳大湾区建设重大历史机遇，推动三地经济运行的规则衔接、机制对接"，《规划纲要》要求为"人才跨地区、跨行业、跨体制流动提供便利条件，充分激发人才活力"，"促进人员、物资、资金、信息便捷有序流动，为粤港澳发展提供新动能，为内地与港澳更紧密合作提供示范"，"充分发挥粤港澳高校联盟的作用，鼓励三地高校探索开展相互承认特定课程学分"。粤港澳大湾区是中国开放程度最高、经济活力最强的区域之一，土地面积、人口规模、经济总量、物流能力在全球四大湾区中位居前列，以不到1%的国土面积创造出全国约11%的经济总量。长期以来，粤港跨境流动人口规模庞大，占全球国际移民规模的60%～70%，粤港资历框架对接，对推进大湾区规则衔接、机制对接，畅通粤港澳三地人才衔接渠道，助推大湾区教育一体化具有示范性作用、开创性意义和战略性价值，将为粤港澳三地的经济发展和社会融合带来深刻的影响。

（三）　粤港资历框架对接是教育国际化的必然要求

资历框架对接是实现资历互通、国际人才流动的通用方式，是实现不同

① 陈伟，郑文. 粤港澳大湾区教育合作的现实基础和实践理路［J］. 华南师范大学学报（社会科学版），2019（6）：67－72.
② 中共中央、国务院. 关于印发粤港澳大湾区发展规划纲要的通知［Z］. 2019－02－18.
③ 郑文，吴念香，杨永文. 广东终身教育资历框架建设的实践与思考［J］. 中国职业技术教育，2019（27）：24－25.

国家或地区之间的学分、资历互认和人才流动的基础，在提升资历框架的国际形象、促进教育全球化方面意义重大。通过粤港资历框架对接将有助于广东资历框架利用香港资历框架已实现国际化发展的优势，快速实现国际化发展。

（四） 粤港资历框架对接是粤港资历框架创新发展的关键举措

"'一国两制'是我们的制度优势，两种规则的比较融合可以产生化学反应"[①]，香港资历框架具有系统性、法治性、国际性、认受性等方面的优势，广东资历框架具有办人民满意的数字学分银行的建设定位、"资历框架＋学分银行制度＋学习成果认证"三位一体制度建设的创新特色，有利于双方博采众长共同发展。另外，从资历框架对接问题角度来阐述人力资源流动保障问题，赋予了大湾区社会治理体系新内涵，打造了大湾区规则衔接机制新案例，对推动港澳更好地认同内地"资历框架＋学分银行制度＋学习成果认证"的制度模式，更好地理解以人民为中心的发展思想，更好地融入建设全民终身学习的学习型社会、学习型大国的国家发展战略具有积极作用。

二、粤港资历框架对接的核心问题

粤港资历框架对接通过寻找粤港资历框架最大公约数，把制度差异转化为发展动力，实现学历、资历、专业资格、职业培训的互认，推动大规模人才便捷有序流动和便利执业。根据我国香港地区与欧盟、新西兰、苏格兰等对接工作的实际，结合粤港资历框架比较研究的结果（详见第三章第六节），粤港资历框架对接需要确定对接的原则、厘定对接的基础、建立对接的模型、明晰对接的工作流程等内容。

（一） 确定粤港资历框架对接的原则

为确保资历框架对接的可行性和公信力，不同国家的资历框架对接前都会共同商定对接的基本原则，对接过程需要广泛邀请各利益相关主体参与，对接结果最终要公开接受公众质询。不同国家资历框架对接具体的原则可能会有一些不同，但基本上都要包含资历架构当局的政策和角色是否清晰透明、质量保障程序是否稳定有力、不同架构之间的资历级别关系是否清晰等内容。

---

① 郑永年. 推进规则一体化 粤港澳大湾区应在新一轮开放中扮演"领头羊"角色 [EB/OL]. [2024－06－29]. https://view.inews.qq.com/a/20220603A03VGN00.

粤港资历框架当局通过互访交流充分了解了对方资历框架设计背景、发展基础和相关政策，对粤港资历框架的资历级别、标准维度的可比性进行评估，初步形成了粤港资历框架对接的七项原则，具体是：第一，两地负责资历框架运营的角色和责任清晰和透明。第二，两地资历框架的资历等级关系清晰。第三，两地资历框架均以学习成效和学分认可为基础。第四，两地资历进入资历框架均具有清晰透明的政策及程序。第五，两地资历框架均建立了与国际接轨的质量保障机制。第六，对接的过程中要求有外部专家特别是国际专家的全程参与。第七，形成一份对接结果的详细报告。

（二）厘清粤港资历框架对接的基础

粤港资历框架对接已具备实践基础。第一，粤港双方均建有资历框架并已实施，2008 年推行的香港资历框架，已形成较为成熟的资历架构建设和运营模式。2017 年，广东省以地方标准形式发布并实施广东资历框架，广东资历框架既具有国际资历框架的通用功能，又具有广东省的创新特色与优势。第二，粤港澳教育行政主管部门已达成合作意向。2019 年，粤港澳教育行政主管部门已签署《粤港资历框架合作意向书》《粤澳教育培训及人才交流合作意向书》，就粤港资历框架合作、大湾区学分互认和人才交流达成合作共识。第三，粤港合作共建机制已进入实施阶段。2017 年始，广东学分银行就开始有序部署广东资历框架与香港资历框架的比较研究工作，与香港资历框架当局进行沟通、交流和合作，利用香港在资历框架、能力标准、质量保障机制和资历框架国际对接等领域的优势推动粤港协同发展和资源共享。建立工作例会、培训工作坊制度，建立行业能力标准和质量保障合作共建的机制。

综上，结合粤港资历框架对接的七项原则，粤港资历框架在如下四方面具备了对接的基础：第一，两地负责资历框架的运营机构对接。广东资历架构的推广与运行工作由广东学分银行管理中心负责，香港资历框架的管理、推行及国际对接等工作由香港资历框架秘书处负责。第二，两地资历框架的资历等级关系清晰。资历等级对接是粤港资历框架对接的关键，粤港资历框架均是 7 级架构，虽然粤港资历等级标准描述维度略有不同，但都涵盖了知识、技能和能力，虽然香港资历框架没有小学级别，但粤港资历框架可以建立清晰的对接关系，基于最佳匹配原则，广东资历框架 2~7 级与香港资历框架 1~7 级是可以匹配和对接的，如表 6-1 所示，广东第 2 级与香港的第 1 级，广东第 3 级与香港的第 2 级、第 3 级，广东第 4 级与香港的第 4 级，广东第 5 级与香港的第 5 级，广东第 6 级与香港的第 6 级，广东第 7 级与香港第 7 级标准的通用要求及程度是相近的。第三，两地学分对接。粤港资历框架均以成效为本为理论基础，关注学习成效，粤港资历框架均规定如果要获得资历学分，必须满足相应的学习量，计算标准是 1 个资历学分相当于 10 个学时，学时包括课堂授课时数、实操时数、自修时数等。第四，两地行业能力标准对接。粤港两地行业能力标准均以行业需要的能力为核心，系统客观反映职能范畴下从业人员所需要的技能、知识及成效标准，都遵循确定主要职能范畴、分析核心能力、以能力单元来表达的技术路线。

表 6-1　粤港资历框架比较结果

广东资历框架级别	普通教育/职业教育	香港资历架构级别	学术教育
第 7 级	学术型博士/专业型博士	第 7 级	博士
第 6 级	学术型硕士/专业型硕士	第 6 级	硕士
第 5 级	本科/应用本科/学士	第 5 级	学士
第 4 级	专科/高职	第 4 级	副学士/高级文凭
第 3 级	高中/中职/中技	第 3 级	中七/文凭/中学文凭
		第 2 级	中五/证书
第 2 级	初中	第 1 级	中三/证书
第 1 级	小学	无	

（三）　建立粤港资历框架对接的模型

根据粤港资历框架对接的基本原则，结合粤港资历框架建设实际，资历框架对接的模型主要包括资历框架运营机构、资历进入政策及程序、资历框架等级和标准、基于成效为本的学分认可制度、质量保障机制、过往资历认可、行业能力标准、资历名册建设、数字化运作平台等 9 个组成部分的对接。目前，资历框架运营机构、基于成效为本的学分认可制度、资历框架等级和标准、行业能力标准等 4 个方面已实现对接，接下来需要推动资历进入政策及程序、质量保障机制、过往资历认可、资历名册建设、数字化运作平台等 5 个方面的对接。

1. 资历进入政策及程序的对接

粤港资历框架对接要求两地资历进入资历框架均具有清晰透明的政策及程序。香港资历进入香港资历框架具有清晰透明的法定程序，《香港学术及职业资历评审条例》（第 592 章）规定经香港学术及职业资历评审局评定的课程、自行评审营办者的课程、经香港学术及职业资历评审当局评定为具备能力确保及评定课程符合资历架构要求的营办者、从受委评估机构取得的资历可以进入香港资历框架；广东正在通过建章立制方式明晰资历进入广东资历框架的政策和程序，如推动以规范性文件形式发布《广东终身教育资历名册管理办法》，明确学历教育相关资历，经广东资历评审服务中心评定的非学历教育培训证书如职业技能等级证书、国家职业资历证书、技师（技工）教育毕业证书、岗位资历等业绩资历可以进入广东资历框架。广东资历框架建设的政策及程序的合法性需要加快深入研究，尽快从立法或制度层面确保资历进入资历框架的规范性。

2. 质量保障机制的对接

质量保障机制对接是指两地资历框架均建立了与国际接轨的质量保障机制。香港在质量保证机制方面走在了国际前沿，经过多年的运行和完善，已实现了高度国际化，其法治性、科学性、先进性和有效性获国际高度认同，其政策、程序及工作模式经高等教育质量保证国际网络（INQAAHE）评估达到国际水平。广东资历框架下的质量保障机制在香港学术及职业资历评审局的协助下已经完成，它充分汲取了香港资历框架下的质量保障机制的先进理念，符合国情，具有与国际接轨的特性。广东资历框架下的质量保障机制目前正在采用试点评审的方式检验评审标准、评审流程的正确性与适用性。

3. 过往资历的对接

过往资历（注：广东称岗位资历）的对接是指两地资历框架通过评估认可从业人员在职场积累的知识和能力的机制要清晰透明。以行业能力标准为参照，通过评估机构评审认可从业人员在岗位上积累的知识、技能和能力并颁发资历证明书是粤港的共同做法。香港通过评估认定资历等级范围为 1~4 级，已在汽车、美容等 18 个行业推行过往资历认可机制，目前建设了过往资历 723 个，评估机构共发出近 9 万张资历证明书，涉及群体年龄在 17~84 岁之间。2018 年 9 月，香港开始推行专业资历的认定制度，满足学历、年限等相关要求的劳动者通过评估可取得香港资历框架 1~7 级专业资历。[1] 广东通过评估认定资历等级范围为 2~6 级，目前制度设计已经完成，即将进入实施阶段。

---

① 香港特别行政区政府资历架构网 [EB/OL].[2024-06-29]. https://www.hkqf.gov.hk/en/thru-assessment.

4. 资历名册的对接

资历名册是资历框架认可、有质量保障的公开数据库，资历名册对接与资历进入政策及程序、质量保障机制紧密关联。香港资历名册建设已非常成熟，涵盖持续专业培训计划课程（CPD）、非本地课程（NLP）、《能力标准说明》为本课程（SCS）、《通用（基础）能力说明》为本课程（SGC）、职业阶梯课程（VQP）、其他进修课程、专业资历（PQ）、过往资历认可资历（RPL）等类别资历 8 625 个。资历名册包括学业资历、培训资历和业绩资历，其真正实施有赖于资历进入政策及程序、质量保障机制等相关制度。

5. 数字化运作平台的对接

两地数字化运作平台的对接是指两地均建立了服务全民终身学习的数字化运作平台。广东数字化运作平台包括终身学习电子档案、资历名册、信息管理平台、实体中心等，有力地提升了学分银行的服务能力。香港在数字化运作平台方面，其主要功能是基于线上质量评审和建构质量文化，2021 年，为了拓展资历框架的应用场景，香港评审局启动了香港数码资历平台建设，旨在为香港市民提供资历的转换、储存、整合、发放和核证等服务。

（四） 明晰粤港资历框架对接的实施机制

依据《粤港资历框架合作意向书》《粤澳教育培训及人才交流合作意向书》有关内容，结合粤港资历框架对接实际，粤港资历框架对接的工作机制和沟通机制主要流程包括：第一，成立两地工作小组、委聘国际专家及专业顾问团队、成立本地专家组，其中工作小组成员主要来自教育行政主管部门、资历框架运营机构和第三方评审机构的代表，本地专家组成员主要由第三方评审机构、学历教育质量评估机构、教育培训机构、专业团体代表、行业企业等代表组成，同时双方针对不同的问题成立不同的焦点小组进行洽谈；第二，对两地的等级标准及资历等进行初步比较研究，并将成果交由两地工作小组审核；第三，将研究结果提交给国际专家、本地专家小组审核并进行公众咨询；第四，将公众咨询的意见提交给国际专家及本地专家；第五，两地工作小组审核对接方案；第六，形成并公开对接结果的详细报告。

❄ 第二节　建立基于资历的人才评价及聘用机制

学分银行是关乎中国式现代化、教育强国建设、人力资源强国建设、现代化人力资源治理体系建设的顶层设计，是一项跨地区、跨领域、跨部门、跨行业的改革创新举措，涉及社会和教育多个领域，是各利益相关者观念碰撞、思想变革、价值认同、协同推进的一个漫长过程。国际上学分银行的建设都是一个整体部署、分阶段稳步推进并不断完善的过程，如韩国学分银行制度至今已修订了十多次。我国香港地区从设立香港资历框架到公布学分累积及转移政策及原则，前后也花了十多年时间。广东学分银行采用"统筹规划，先易后难，试点先行，分步实施"的原则，学习借鉴国际和香港经验，注重中国特色与国际化、国际先进标准与我国教育实际、当下与长远相结合，对标大湾区新使命、新任务，建设并形成了具有法定地位的广东模式，它以政府主导多元主体协同推进为机制，以资历框架为制度基础，以标准为核心，以内外结合的质量监控为保证，在学分认定和转换、行业能力标准建设、岗位资历认可机制、资历框架对接、数字学分银行的运作系统等方面进行了先行先试，初步实现了学历教育和非学历教育的沟通和衔接、教育市场与人力资源市场的融合对接，构建了多种途径人才成长的"立交桥"，提升了广东学分银行的服务能力和国际影响力。但从实施效果来看，与社会期待、社会所需还存在差距，广东学分银行需要进一步夯实运行基础，参考国际以资历定岗定薪的相关经验，建立基于资历的人才评价及聘用机制，推动广东资历框架实施走深走实，赋能学习型社会建设。

一、学历社会向能力社会的嬗变

学历不代表经验和能力，破"五唯"是人才评价的主旋律，但人才评价破了之后如何立[1]，破"五唯"后立什么人才评价的评价标准、评价方法、评价维度和评价分类等问题，是当前人才评价工作面临的最大困难。《关于

---

[1] 萧鸣政，陈新明. 中国人才评价制度发展 70 年分析 [J]. 行政论坛，2019 (4)：22 - 27.

加强新时代高技能人才队伍建设的意见》明确提出全面实施"技能中国行动",健全技能人才培养、使用、评价、激励制度。新《职业教育法》提出实行学历证书及其他学业证书、培训证书、职业资格证书和职业技能等级证书制度,强调了以能力为导向的多元化资历的人才评价模式,强调了受教育者的技术技能水平可作为职业教育质量评价的重要指标之一,强调了部分岗位可以适当降低学历要求。面向新时代,打通劳动制度与教育制度、职业教育与普通教育、职业技能证书与学历证书之间的壁垒,推动学业证书、培训证书、职业资格证书和职业技能等级证书与学历证书等值等效是真正实现职业教育与普通教育具有同等重要地位的有效途径,是实施以职业能力为导向,强化技术技能贡献,淡化学历要求,突出工作业绩的新时代人才评价改革的必然之举,以品德、业绩和能力为导向,探索建立并实施基于资历的人才评价及聘用机制,正当其时,适逢其势,大有可为。基于资历的人才评价及聘用机制是指支持劳动者凭资历改变待遇,实现凭资历就业和升学,而不仅仅是学历。资历是一个内涵远比学历更为丰富的概念,它包括文凭、学历及证书等,广东资历框架下的资历包括学业资历、业绩资历和培训资历(见表6-2)。

表6-2 广东资历框架下的资历类型

资历类型	资历
学业资历	小学、初中、高中(中职/中技)、专科(高职)、本科、硕士、博士
培训资历	院校非学历教育培训证书
	培训机构培训证书
	企业培训(认证)证书
业绩资历	技师教育毕业证书
	专业技术职称证书
	国家职业资格证书
	职业技能等级证书
	技能竞赛获奖证书
	岗位业绩奖励证书
	岗位资历

资历框架下的资历具有全民性、终身性、透明性、清晰性、实用性、职业性、灵活性、多样性、权威性和国际性等特点，可全方位多形式为全民终身学习提供有质量保障的学习和成长指引，从而满足更加开放灵活的终身学习需求，为所有社会成员的学业提升、职业晋升、社会上升提供多样化的通道。"不破不立，大破大立，晓喻新生"，在探索建立基于资历的多元化人才评价机制的进程中，先立后破是重要方法论，当务之急是我们要回到"能力社会"，构建与"能力社会"相匹配的人才评价体系。广东资历框架中职业技能等级证书、岗位资历、培训机构培训证书、企业培训（认证）证书等资历，与学业资历具有同等位置，所有资历按照统一质量要求评定或匹配资历等级后进入资历框架，为人才评价机制提供了以资历为评价基础的新话语体系，坚决克服唯分数、唯升学、唯文凭、唯论文、唯帽子的顽瘴痼疾，推动人才评价从单一知识向知识、技能、能力综合评价转变奠定坚实基础。

二、多元共治的终身教育治理全景图的重构

基于资历的人才评价及聘用机制的建立和实施，政府部门、教育培训机构、行业企业等多元主体协同推进是关键。多元共治的终身教育治理全景图旨在通过一定的制度安排进行合作互动，彼此依存，共担风险，重构政府部门宏观管理，教育培训机构、行业企业等非政府组织广泛参与的治理模式，逐步发挥非政府组织的自我治理能力并最终形成"小政府大社会"的治理新格局。

第一，制定激励和资助政策，推动教育培训机构、行业企业、社会成员积极参与学分银行建设，认可和应用资历框架下的学分或资历，并把资历作为学业提升的依据，推动行业企业把资历作为职业晋升和社会上升的依据，形成多方联动、协调一致、学习者广为受益的良好氛围。

第二，建立考核评价体系。以考核评价为关键变量，以行政手段将终身教育工作、学分银行和资历框架建设纳入全省普通高校、教育培训机构、行业企业的地方政府绩效考核指标，明确终身教育预算科目，使终身教育工作刚性化、常态化、日常化，推进全社会形成合力联动，实现全民终身学习、学习型社会建设这一宏大事业从美好愿景到工作落实的转化，有效解决了终身教育归谁管、由谁干的问题。

第三，实施岗位资历评估和认证工作。针对高技能人才由于学历限制难以在企业和职业院校充分发挥作用的问题，开展岗位资历评估和认证工作，

认可高技能人才在岗位积累的知识、技能、经验、业绩，为"职业学校聘请技能大师、劳动模范、能工巧匠、非物质文化遗产代表性传承人等高技能人才，通过担任专职或者兼职专业课教师、设立工作室等方式，参与人才培养、技术开发、技能传承等工作"提供制度设计，从而发挥高技能人才在促进社会经济和学校应用型人才培养方面的作用。

第四，建立终身教育条例。以法律形式明确与界定终身教育资历框架和畅通人才成长通道所体现的各项基本原则是国际惯例，也是本土需要。终身教育条例是确保资历框架的认受性、有效性、专业性和公信力的关键，也是相关利益主体通力合作的保障。《广东职业教育条例》只是从职业教育角度提供了法定环境，而终身教育是覆盖人的一生的教育，即从一个人的幼年期到老年期各个不同的人生阶段所受到的各级各类教育，因此需要出台有关终身教育的条例，为资历框架的持续发展及其相关质量保障制度建立提供法律依据。

❈ 第三节　助推"三教"融合发展

党的二十大报告强调统筹职业教育、普通教育、继续教育（以下简称"三教"）。中共中央办公厅、国务院办公厅印发《关于深化现代职业教育体系建设改革的意见》进一步明确了职业教育类型定位，统筹三教协同创新，从"不同"走向"协同"，各种教育类型要优势互补、交叉融合。由此可见，推进"三教"由独立发展向融合发展，是新时代的新理念和新任务，是发展形势和实现途径从简单向综合、从局部到全局、从低级向高级的时代演进。①

随着数字技术的飞速发展和在教育中的广泛应用，终身教育的理念发生了根本性的变化，从初始强调学习条件和学习资源的终身教育理念，转向灵活、开放、弹性、高质量的终身学习理念，从关注传统的课堂学习、机构培训等终身教育方式，走向在任何时间、任何地方进行的无所不在的泛在学习。随着人人可获得海量的数字学习资源这一情况的出现，为了适应数字时代灵

---

① 耿洁，王凤慧，崔景颐. 高等教育、职业教育、继续教育融合：时代必然、政策语境与问题对策 [J]. 职业技术教育，2022，43（28）：6–12.

活开放的终身学习的变革，不仅要重视并认可正规教育的学习成果，也需要认可人们通过非正规和非正式教育获得的学习成果。所有这些学习成果都统一用资历来表现，资历包括学位、文凭、证书、业绩等。为此，全球兴起了用资历替代学历，作为人们升学、就业、职业发展的重要依据。

资历框架的最大价值在于，系统地打造了一个相互作用、相互赋能的有机整体，形成了一个由不同个体、不同利益群体组成的有着共同价值追求的融合发展生态圈，打破了唯学历论，为"三教"之间纵向衔接和横向沟通奠定基础。当前，中国特色社会主义现代化建设进入了新时代。构建资历框架，统筹"三教"融合发展，对于加快建设高质量教育体系、提高人才培养质量、办好人民满意的教育，对于拓宽人才成长通道，服务建设全民终身学习的学习型社会和学习型大国，对于贯彻新发展理念、实现高质量发展、形成新发展格局，具有非常重要的现实意义和深远影响。

然而，如何建立数字时代的资历框架和实现"三教"之间的贯通融通，是我们面临的一项重大议题和难题。我们不仅需要在制度体系和治理模式方面有所突破，更需要先行先试的本土创新实践。广东省资历框架引领的"三教"融合发展的模式与实践，期望能为国家层面或者其他地区的"三教"融合发展提供广东经验。

一、"三教"融合创新发展的关键问题

数字时代"三教"融合发展是一项长期的巨大的工程，开展资历框架引领的"三教"融合发展，是机遇也是挑战。"三教"融合发展作为新的教育理念，关涉经济社会发展、国家治理体系和治理能力的推进、国家教育体系整体改革等多层面因素[①]，牵涉教育、社会、家庭的方方面面。广东学分银行作为区域性制度设计，虽然在政策部署、理论研究、制度设计、创新实践等层面积极探讨"三教"融合发展，但总体而言，要彻底打通学习者在不同教育类型的转换和流动、支撑人才成长的多元化发展，需要国家资历框架的加持，需要政策制定者、研究者、实践者、社会各界的共同参与和协同努力。

一要建立"三教"融合发展的制度基础。我国应立足当前，着眼长远，统筹全局，加快建立包容性、开放性、融通性的国家资历框架，实施学习成

---

① 李玉静，岳金凤. 推进职普融通：内涵逻辑、现实困境与突破路径 [J]. 职业技术教育，2022（33）：19-25.

果认证制度和学分银行制度，建立健全多形式衔接、多通道成长、可持续发展的梯度职业教育和培训体系，畅通各类人才多次选择、多样化成长的成才通道，为"三教"的融合发展夯实制度基础。

二要构建统筹"三教"融合发展的体制机制。"三教"融合发展是三种教育类型间的贯通融通，实现"三教"融合发展的前提和关键是制度保障，需要出台相关法律和政策文件，需要政府行政力量推动，整体思考、系统谋划，通过政策支持、体制机制改革等手段，协调各方力量，利用各方资源，促使各相关个体构成一个有机整体，形成相互作用、相互影响、相互赋能，从而形成各利益群体通力合作的机制，方能推动"三教"融合发展。总之，形成政府主导、多元主体、协同治理的体制机制是"三教"融合发展之要，更是终身教育创新发展的根本要求。

三要创建"三教"融合发展的路径。"三教"融合发展的目的在于促进"人人出彩以及人的可持续发展"，"三教"融合发展体现在课程内容融合、学分互认和资历融通。"三教"融合发展还体现在信息获取渠道的人性化、智能化和系统化，以及人才成长通道的多元化、纵向衔接和横向融通。因而需要建立"三教"融合发展的模式及路径，搭建"三教"之间可等值、可对比、可沟通、可衔接的桥梁，在坚持质量标准的同时，探究并建立课程层面、信息层面、学分层面、资历层面等多样性的融合模式和融合路径，进而实现"三教"协调发展和相互融通。

二、"三教"融合发展的基础性制度

为了促进"三教"融合发展，首先需要建立"三教"融合发展的标准作为基础性制度。2017 年，在广东省教育行政主管部门的统筹下，广东学分银行联合100 多个机构和200 多位专家共同研制并率先以地方标准形式发布了广东资历框架，为建立"三教"纵向衔接和横向融通奠定了制度基础。

以资历框架为引领，广东省构建了资历框架制度、学习成果认证制度、学分银行制度三位一体的制度体系[1]，资历框架是三类教育学习成果互融互通并和职业人才市场之间沟通衔接的根本性制度，学习成果认证制度是通过内部质量保障机制和外部质量评审机构对三类教育学习成果的质量进行评审

---

① 张伟远. 国家资历框架的理论基础和模式建构 [J]. 中国职业技术教育, 2019 (18): 28 – 35.

认可的枢纽性机制，学分银行制度是对经过评审认可的学习成果进行学分认定、积累和转换的管理制度。资历框架与学习成果认证制度、学分银行制度相辅相成，缺一不可，形成"三教"融合发展制度设计的创新模式，有效推进普通教育、职业教育、职业培训、职业技能等级证书、培训证书等多种形式学习成果的认证、积累和转换，促进"三教"多元、交叉融通发展。

三、"三教"融合发展的体制机制

学分银行建设涉及面广，利益相关方众多，社会关注度高，建设任务艰巨，需要政策支持和多元主体协同推进。广东学分银行的治理模式和治理生态圈建设（详见第二章第二节）已为"三教"融合发展奠定了体制机制方面的基础，它具有法治先行、标准引领、管办评分离、以政府组织为主多元主体协同推进的特征，政策层、制度层、实施层和利益群体层构成一个有机整体，秉承合作、开放、共赢、自我调节的原则，可有效地推进"三教"融合发展。

四、"三教"融合发展的创新举措

面对数字时代跨越时空的无所不在的终身学习新理念和新方式，构建各级各类教育纵向衔接和横向沟通的资历框架和实现"三教"融合的协调发展是我国教育发展和改革的重大战略。通过广东资历框架探索推动"三教"融合发展，为我国或各地区开展"三教"融合发展提供了广东模式和广东经验，助力实现我国建设全民终身学习的学习型社会和学习型大国的发展目标。未来，广东学分银行将聚焦学习者最关心、最直接、最现实的问题，积极回应新时代"三教"融合发展和人才全面发展战略，从信息融通、课程融通、学分融通，以及资历融通等四个方面推动"三教"融合发展。

（一）创建 "三教" 融合发展的信息融通模式

信息融通模式从建立并完善学习者与不同教育类型之间的信息获取渠道这个角度来促进不同教育类型的融合，从而为"三教"所有学习者的升学与就业提供统一的、动态的、畅通的、智能化的精准服务。广东基于资历框架标准，运用大数据、人工智能、区块链等数字技术，为学习者提供人性化、智能化、价值化、多样化、数字化的学习档案、升学或就业指引等方面的信息。信息融通举措包括：一是提供终身学习档案建设、查询与应用服务，让学习者了解并宣传个人的学习成果、核心价值和综合能力，针对性地选择适合自身的教育路径或职业路径。终身学习档案库包括与学习者的学习和工作相关联的所有正规教育、非正规教育、非正式学习的学习成果。它是学习者终身学习的记忆图谱，是学习者升学、求职等关键人生节点的可信凭证。区块链技术的去中心化、时序数据、不可篡改、可追溯等特征，从技术层面确保终身学习档案的效力和公信力。二是提供资历画像、职业规划和就业推荐等数字化服务。利用大数据技术和人工智能技术对学习者全过程全链条的学习成果进行专业化和智能化的深度分析，并与自动采集到的不同职业岗位的岗位能力要求进行智能撮合匹配，为学习者提供更多的向上成长的信息。三是通过资历名册为学习者的终身学习提供全方位的指引。学习者对教育路径的选择与自身学习能力、禀赋、兴趣和对不同教育类型的了解等密切相关。"我应该选择何种教育类型""我可以选择哪种升学路径""哪种学习方式有助于提升资格和能力""如何规划终身学习"等问题都需要学习者对自身和对教育体系有全面和深入的认识。[1] 资历名册是以资历框架为内在逻辑，按统一的标准体系和质量要求将有质量保障、资历框架认可的资历集中存贮的一个公开的数据库，它详尽地罗列了资历的学习要求、能力要求、考核要求、适用范围、质量保障等具体情况[2]，为学习者的终身成长提供了清晰透明、灵活多样、公平公正的学习指引、成长指引和职业发展指引。换言之，资历名册基于互联网，为学习者便捷、灵活、系统、全面、真实地了解三类教育的信息提供了一个统一的平台。

（二） 创设 "三教" 融合发展的课程融通模式

课程建设的融通是指职业教育、高等教育和继续教育依照行业能力标准开发课程的机制，其融通性表现在教学内容、人力资源标准与教育标准相互耦合和融合，职业教育要加强文化知识教育，高等教育要提升学生技能水平，继续教育要兼顾知识技能和文化素养教育。[3] 行业能力标准由政府、行业企业、研究机构、各级院校、标准化领域、港澳（商会、协会、企业）等领域

① 徐丽莉，黄晓萍. 德国职业教育与普通教育、高等教育的融通性：治理模式与内在逻辑 [J]. 中国职业技术教育，2023 (3)：86 - 96.

② 李雪婵. 资历名册建设的价值蕴意、原则及策略 [J]. 中国职业技术教育，2022 (29)：63 - 69.

③ 中国职业教育编辑部. 深化现代职业教育体系建设改革不断优化职业教育类型定位：专访教育部职业教育与成人教育司司长陈子季 [J]. 中国职业教育，2023 (1)：8 - 13.

相关代表负责撰写，它以广东资历框架等级标准为上位标准，聚焦新技术、新产业、新业态和新模式，以满足市场和创新需要、服务社会和行业发展为目标，是行业发展所需核心能力的统一标准，具体指在不同岗位中完成主要任务所需的行业知识、专业技能及成效标准。行业能力标准，客观系统地列出不同职能范畴下各项职能需要具备的能力，为教育培训机构开发课程和调整教学策略提供了统一的参照，院校（机构）以此为参照开发课程，从课程建设层面实现融合。这种融通方式实现了较高的融合程度，在推动"三教"教材、教师和教法与行业能力需求融合的同时，实现了育人标准与用人标准对接，最终实现创新链、教育链、人才链与产业链有机衔接。

（三）　构建 "三教" 融合发展的学分融通模式

学分融通是指"三教"所有学习者的学分依照学分认定和转换制度实现在"三教"中自由流转并得到承认和转换的机制，其融通性包括学分纵向衔接和横向融通。广东省在规范性文件《广东省高等教育学分认定和转换的实施意见》中明确，学业证书、培训证书、职业资格证书和职业技能等级证书制度的学分，均可按照相关要求进行纵向衔接和横向融通，在坚持学术完整性和严谨性的基础上，合理认可三类教育类型学习成果所反映学习者的知识、技能和能力。① 目前广东各院校已在资历框架下 3 级（相当于高中/中职）、4级（相当于专科）、5 级（相当于本科）面向"三教"深入开展学分衔接和融通工作。

（四）　发展 "三教" 融合发展的资历融通模式

资历融通是指"三教"所有学习者的资历在升学、就业、职业发展等方面享有平等机会的人才成长机制。主要表现在三个方面：一是纵横向维度实现融通，其融通性体现为跨教育类型的融通，即获得广东资历框架下某资历后能够得到其他教育类型的承认，并可作为更高一级资历的入学条件。广东资历框架由七个互相衔接的资历级别组成，从低到高构建了小学、初中、高中、专科、本科、硕士、博士的成长阶梯，它们之间既相互衔接又相互区分，知识、技能和能力的核心要求也会从简单到复杂逐步递进和提升。如果学习者获得职业教育 5 级资历（等同职业本科），可以纵向选择职业教育、高等

---

① 香港特别行政区政府教育局. 香港资历架构学分累积与转移：政策及原则［EB/OL］.［2024 - 06 - 29］. https://www. hkqf. gov. hk/files/record/qf - cat - resources/1/CAT_PPOG_2024 - 1713236337. pdf.

教育或继续教育中的更高一级即6级资历进行学习，这种学习方式打通了高职/职业本科往应用型研究生培养的"断头路"，为职教高考制度和职教系统学生升学制度不够完善等问题提供了解决方案。二是通过资历名册实现融通，其融通性体现在人才成长通道的融通上。《关于深化现代职业教育体系建设改革的意见》强调，"建立健全多形式衔接、多通道成长、可持续发展的梯度职业教育和培训体系，推动职普协调发展、相互融通，让不同禀赋和需要的学生能够多次选择、多样化成才"，从中可见，畅通人才成长通道是"三教"融合发展的核心诉求，资历名册由在级别和水平上相互衔接的资历组成，设置了不同的"出口"和"入口"，允许学习者根据自身需要自由出入①，提供了人才多形式衔接、多通道成长的融通路径。资历名册包括知识（学业）类、技能（培训）类、能力（业绩）类三大类资历，其中知识（学业）类资历包括小学、初中、高中（中职/中技）、专科（高职）、本科、硕士、博士等各级学历教育学业证书，技能（培训）类资历包括国家职业资格证书、职业技能等级证书、企业认证证书、技能竞赛获奖证书等，能力（业绩）类资历包括依据行业岗位能力标准评定的岗位胜任力等级证书、专业技术职称证书、岗位业绩奖励证书等。由此可见，资历名册搭建了灵活多样的人才成长"立交桥"，不同基础、不同禀赋的学习者都能找到多个出入口的成长途径，推动"三教"协调发展和相互融通，凸显职业教育与普通教育具有同等重要地位的核心内涵，优化职业教育的类型定位。三是通过建立岗位资历认可机制实现融通，其融通性体现在打通了技术技能人才升学和向上成长通道。党的二十大报告提出"坚持以人民为中心发展教育"，就是要让每一个人都能获得公平的受教育机会，让每一个个体都能获得适合自身发展并贯穿一生的教育。在探索符合技术技能人才成长规律、解决低学历高技能群体的成长"断头路"的研究中，认可从业人员在工作中获得的职业能力并颁发社会认可的资历等级证书的岗位资历机制备受关注和重视。广东以行业能力标准为基准、岗位上积累的业绩和能力为核心、评估机构公开评估为形式，构建了政府推动与社会支持相结合的过往资历认可机制，为畅通技术技能人才成长通道提供了融合发展的新机制，在国家建设技能型社会、深化新时代教育评价改革等政策的驱动下，社会将逐渐把资历等级作为升学和就业的重

---

① 黄崴，吴华溢. 香港教育资历架构体系运行机制的制度分析 [J]. 华南师范大学学报（社会科学版），2018（3）：18－24.

要依据，资历等级证书与学历证书在升学和就业方面具有同等地位，助力学习者持证就业、升学或减免学分，从而实现三类教育融合发展，并为建立"破五唯"的多元化教育评价生态提供导向和抓手。

🌼 第四节　助力老年教育创新发展

联合国发布的《世界人口展望 2019》中提到，全球人口中 65 岁及以上的老年人占全球人口约 1/11 （约 9%），预计 2050 年将提高到 1/6 （约 17%），强调了全球人口老龄化的严峻问题。20 世纪 90 年代以来，中国的老龄化速度一直呈增长趋势，成为当前我国经济社会发展面临的重要问题。根据第七次全国人口普查数据，我国 60 岁以上人口超过 2.6 亿人，占全国总人口的 18.7%，预计 2025 年我国 60 岁及以上人口将突破 3 亿人，根据联合国老龄化社会划分标准，我国已进入深度老龄化时代。

党的二十大报告提出，建设全民终身学习的学习型社会、学习型大国，实施积极应对人口老龄化国家战略。通过老年教育，丰富闲暇生活，提高生命质量，发挥老年人力资源，是积极应对人口老龄化的重要举措之一。终身教育强调教育应当贯穿人的一生，老年教育作为终身教育全链条的最后环节，是终身教育不可或缺、不能替代的组成部分，是完善终身教育体系的重要支撑。发展老年教育是实现教育现代化、全民素质提升、建设学习型社会的必要举措，让老年人享有公平而有质量的教育机会是发展终身教育体系的必然要求。老年教育是人一生接受教育的最后阶段，是以非正规教育和非正式学习为主的灵活开放的自愿性学习，需要关爱、关心和关注。众所周知，学分银行是面向人人、惠及人人、适合人人的服务全民终身学习的大平台和赋能中心，具有人民性、全民性、基础性、公益性等属性。聚焦老年群体的生活和学习诉求，全面深入地展示老年群体的经验智慧和创新潜能，推动老年教育融入终身教育体系，推动老年群体的社会参与、社会贡献、再学习和再就业，是学分银行助推学习型社会建设进程中的重要任务。

一、建设时间银行，构建养老新模式

与学分银行类似，时间银行也是参考借鉴商业银行的功能和特点，是对

时间货币的具体表达。时间银行的核心是存时间，换服务。具体就是把志愿者做公益事业的时间累积起来，像存钱一样存入银行，需要时从时间银行支取自己存贮的时间，可享受其他人提供的义工服务，遵循"我为人人，人人为我"的理念。

时间银行的概念最早由美国学者埃德加·卡恩（Edgar S. Cahn）于1980年提出，之后在日本、美国、英国、德国等30多个国家得到广泛运用，并将存蓄、提取、管理、结算与养老服务结合起来，成为解决人口老龄化问题的关键举措。20世纪90年代末期，时间银行被引入我国，因时间银行与互助养老模式相挂钩，所以关注度比较高，但相较国外而言，我国时间银行建设并不成熟，存在社会公众认知度不足、服务队伍建设不力、计量标准不统一、可持续发展和跨区通兑受限、政策法规缺失等问题。[①] 2019年3月，国务院办公厅印发《关于推进养老服务发展的意见》，要求各地探索时间银行等做法，培养志愿者队伍。

基于学分银行视阈下的时间银行，对解决我国时间银行问题和养老问题具有十分重要的现实意义，对于构建"政府主导、权威统一、通存通兑"的时间银行具有先发优势。一是利用广东学分银行的体制机制，赋予时间银行政府主导、权威统一的时代属性。广东学分银行是由省政府同意建设、省教育厅主办管理的省级学分银行，具有公益性质。另外，广东省民政厅是广东学分银行管理委员会的成员单位，能有效推动学分银行与时间银行的协调发展。二是利用学分银行的宣传渠道，强化时间银行公众认知度和影响力。广东学分银行已在头部企业、高校、技工院校、老年大学、村居社区等处形成多层次、多渠道的终身教育服务网络，有传播学分银行理念、作用的比较成熟的渠道。三是利用学分银行终身学习档案库，存贮时间，使服务时间永不消失。在现有的终身学习档案库中，加设时间存贮功能，包括服务地点、服务时长、服务形式、服务强度、技术含量等级、服务内容等，让服务时间时时、处处可存可查。四是利用学分银行专家团队，协调老年教育专家力量，打造时间银行标准体系，包括计量标准、跨区通兑标准以及学习成果认定和转换标准。计量标准除了解决如何存的问题外，还会根据不同的劳动强度和技术含量赋予时间不同等级，这个等级与资历框架的资历等级进行衔接，反

---

① 陈功，王笑寒. 我国"时间银行"互助养老模式运行中的问题及对策研究 [J]. 理论学刊，2020（6）：132–140.

映服务的水平和质量；跨区通兑标准解决服务兑换的即时性问题，即时时、处处可兑换的问题，这对流动人口特别有价值；学习成果认定和转换标准是指根据广东学分银行学分认定和转换方法，根据志愿者服务内容，制定志愿者服务与学历教育课程学分认定规则，畅通人才成长通道。

综上可见，通过建设时间银行，创新构建学分银行＋养老新模式，对完善终身教育体系、推动老年群体的社会参与、社会贡献、再学习和再就业具有非常重要意义和创新价值。

二、建立认证制度，圆老年群体发展之梦

基于学分银行，建立老年群体学习成果认证制度，不但可以增强老年人的成就感和满足感，激发其持续学习、参与社会的动力和热情，还可以为由于历史原因和客观条件限制而没能接受高等教育的老年群体圆大学之梦，同时也可展现不断积累进阶的学习成效，在老年群体中形成终身学习的良好氛围。[①]

学习成果认证制度除了认可老年群体已有的职业经历、技术技能、志愿服务、社会服务、文化传承，还可以认可老年群体参加的各种学习活动，包括线上课程、社区讲座、老年大学的学习项目等。根据学分银行的标准和程序，老年群体的学习成果可以转化为具体的学分或资历证明书，圆其大学梦，体现其尊严与价值，从而激励老年群体不断提升自己的知识水平和技能，积极参与社会，实现老有所为。

随着人口老龄化的不断加剧，如何充分利用老年人力资源成为社会发展的重要课题。学分银行通过提供数字简历服务，将老年人的学习经历、成果、工作经历和业绩进行数字化记录，为他们的求职或升学提供了有力的证明。这种数字化的简历形式不仅方便了老年人对自己学习经历的管理和查询，还使他们在求职或升学过程中更具竞争力，从而提高了求职或升学的成功率。例如，退休教师可在学分银行的帮助下，成功地将自己的教学经验和教育成果数字化，并在求职过程中凭借这份数字简历，获得新的教育工作机会。

---

① 许浩. 积极老龄化背景下推进老年教育的价值、经验与路径 ［J］. 终身教育研究，2024，35（1）：66-71.

三、构建关爱机制，助力老年群体多元学习

新时代的老年教育基于新定位，从过去满足文化娱乐需求的单一功能转变为在微观个体层面发挥传递知识、提高社会适应能力的教育功能。[①] 老年教育作为终身教育体系的终端环节，满足老年人个体获取知识、技能和再社会化能力的多元化学习需求就非常重要。学分银行将为老年群体的学习提供个性化、智能化的关爱服务，助力他们多元学习、快乐学习。一是提供个性化学习支持服务。利用大数据和人工智能技术深入分析老年群体的学习背景、学习动机、兴趣爱好等多方面信息，向广大老年群体进行个性化、精准化的资源推荐，涵盖文化、科技、艺术、健康等多个领域，还会针对提高老年群体的社会适应能力进行专项推荐，帮助他们跟上时代的步伐。如推荐普及党和国家方针政策的课程、弘扬和传承优秀传统文化的课程、优秀游学项目等。二是打造资历画像、学分地图等智能化服务。通过资历画像、学分地图的智能化表达、排名功能、游戏化的通关模式和积分规则等设计，让老年群体在清晰地看到自己的学习经历和学习特点的同时，更能够感受到终身学习的趣味性、满足感、惊喜与动力，助力老年群体快乐学习、开心学习。三是提供线下服务。学分银行实体中心将为老年群体提供讲解服务、体验服务、业务办理和自助 ATM 机服务。

✦ 第五节　搭建乡村人才成长立交桥

乡村振兴战略是党中央作出的一项重大战略部署。《乡村振兴战略规划（2018—2022 年）》中提出 "乡村兴则国家兴，乡村衰则国家衰。我国人民日益增长的美好生活需要和不平衡不充分的发展之间的矛盾在乡村最为突出"。由此可见实施乡村振兴战略的重要性和必要性。人才是乡村振兴的第一资源，为广大农村培养以新型职业农民为主体的农村实用人才[②]和乡村振

①　杜鹏，吴赐霖. 中国老年教育的新定位、多元功能与实现路径 [J]. 中国人民大学教育学刊，2022（5）：130－142.

②　许经勇. 根本解决"三农"问题的制度安排：乡村振兴战略 [J]. 北方经济，2018（8）：10－13.

兴急需紧缺人才成为乡村振兴的重中之重。中共中央、国务院《关于实施乡村振兴战略的意见》中明确提出"汇聚全社会力量，强化乡村振兴人才支撑"，"农业农村农民问题是关系国计民生的根本性问题。没有农业农村的现代化，就没有国家的现代化。当前，我国发展不平衡不充分问题在乡村最为突出"。设立广东资历框架的主要目的是为广东省全体社会成员提供终身学习的平台，并为学习者搭建通过各种途径成才的"立交桥"，助力解决我国人民日益增长的美好生活需要和不平衡不充分的发展之间的矛盾，为美丽乡村建设搭建人才成长立交桥也是应有之志、应尽之责和应立之功。

一、建设学分银行农民分行

中共中央办公厅、国务院办公厅 2021 年印发《关于加快推进乡村人才振兴的意见》中提出"探索建立农民学分银行，推动农民培训与职业教育有效衔接"，农业农村部办公厅在《关于做好 2021 年高素质农民培育工作的通知》中提出"鼓励农民参加继续教育，促进农民终身学习，持续更新知识能力。推进农民短期培训、职业培训和学历教育衔接贯通，探索建立农民学分银行"，《关于做好 2023 年高素质农民培育工作的通知》中再次提出"支持农民提升学历层次，依托职业院校、农广校等探索实施高素质农民培育与职业教育贯通衔接，有条件的地方可以探索建立农民学分银行"。由此可见，乡村振兴，关键在人。农民是农业农村现代化的主力军，是乡村振兴的重要支撑。在乡村振兴战略背景下，建设农民学分银行，探索农民终身教育的新途径，努力推进农民技能培训和学历教育的有效衔接，全面提升农民的整体素质和能力水平，是推动乡村人才振兴和农业农村现代化的重要途径。依托广东学分银行的建设基础和服务网络建设农民分行，搭建农民终身教育"立交桥"，推动省教育厅、省人力资源和社会保障厅、省农业农村厅和省乡村振兴局对各类农民培训的学习成果认证、积累、转换给予政策、经费和业务等方面的支持，制订职业技能等级证书、国家职业资格证书、农民短期培训、职业培训等学习成果的认证标准，推进和形成农民短期培训、职业培训和学历教育衔接贯通互融互通的发展格局，为农民学历和能力双提升提供灵活的学习方式和便捷的学分认定和转换服务。

二、制定农林行业能力标准

农林作为人类社会的重要领域，承载着生态平衡、粮食安全与农业可持续发展的重任，非常需要生态农业、有机农业、林业旅游等领域相关能力标准推动乡村产教融合走深走实，推进乡村人才培养对接区域产业发展需求。学分银行将联同农（林）局、有关农林高等学校等单位共同制定农林领域能力标准，反映农林领域行业所需要的核心能力，为高等农林教育改革提供依据，为现代农民培训提供参考，提升农林输送人才的质量。同时利用农林行业能力标准，组织开发能力为本课程，重点面向院校毕业生、农民工和退役军人等返乡入乡群体，开展农业农村知识培训和技术技能培训，厚植他们知农爱农情怀，提升他们就业创业能力。

三、制定农业专项学分认定和转换制度

基于广东资历框架，制定农业专项学分认定和转换制度，要关注农民教育的认可新型职业农民和村"两委"干部的知识和经验，包括学业证书、职业技能等级证书、国家职业资格证书、农民短期培训、职业培训等学习成果，助力乡村人才学历和能力提升。

四、建设学分银行网上服务和体验厅

依托广东学分银行实体中心自身功能建设实体中心虚拟馆，打造由信息管理平台和实体中心虚拟馆构成的网上服务和体验厅，为乡村人才提供便捷的线上数字化服务，激发乡村居民推动乡村发展的创造活力与内生动力。数字化服务包括个性化存入终身学习电子档案、生成电子简历、申请学分认定和转换、获取资历画像、学分地图、学业和职业规划指引等。

扫描下方二维码可获取参考资料

《广东终身教育资历框架等级标准》

物流业（冷链）能力单元明细表